서울대 한국어+ Workbook

서울대학교 언어교육원 지음
장소원 | 이현의 | 김미숙 | 이혜지

5B

서울대학교출판문화원

머리말

《서울대 한국어+ Workbook 5B》는 《서울대 한국어+ Student's Book 5B》의 부교재로, 주교재로 이루어지는 학습을 보완하기 위해 개발되었습니다. 어휘, 문법과 표현을 다양한 상황 속에서 연습해 보고 복습 단원을 통해 배운 내용을 종합적으로 정리해 볼 수 있도록 하였습니다.

어휘는 실생활에서 활용할 수 있도록 담화 상황을 고려해 문제를 구성하였고, 문법과 표현 연습 문제는 정확성과 유창성 향상에 초점을 맞췄습니다. 다양한 맥락에서 어휘, 문법과 표현의 정확한 의미를 익히고 학습자 스스로 유의미한 담화를 구성할 수 있도록 집필하였습니다.

또한 두 단원마다 복습 단원을 배치함으로써 학습 내용을 점검하고 정리할 수 있도록 하였습니다. 복습 단원은 어휘, 문법과 표현, 듣기, 읽기, 쓰기, 말하기 과제로 이루어져 있습니다. 어휘, 문법과 표현은 이미 학습한 어휘, 문법과 표현을 잘 익혔는지 확인할 수 있는 다양한 문제로 구성하였습니다. 듣기와 읽기는 주교재의 주제와 기능을 확장한 문제를 통해 학습자 스스로 이해 능력을 점검할 수 있도록 하였습니다. 쓰기는 담화 완성 활동과 주어진 주제로 완성된 글을 쓰는 활동으로 구성하였습니다. 마지막으로 말하기 과제를 통해 두 단원에서 학습한 주제, 언어, 기능 등을 바탕으로 학생들이 자유롭게 의사소통하면서 하나의 목표를 이루어 갈 수 있도록 하였습니다.

이 책이 나오기까지 정말 많은 분들의 수고가 있었습니다. 서울대학교 국어국문학과 장소원 교수님은 《서울대 한국어+》 1~6급 교재의 기획, 교재 개발을 위한 사전 연구와 집필, 출판에 이르는 전체적인 과정을 총괄해 주셨고, 5급 교재의 집필을 총괄한 이헌의 선생님을 비롯해서 김미숙, 이혜지 선생님은 오랜 기간 원고 집필뿐 아니라 편집, 출판 작업을 꼼꼼하게 진행해 주셨습니다. 또한 5급 워크북의 감수를 맡아 주신 김은애 교수님, 워크북 내용을 검토해 주신 민유미, 신범숙 선생님의 도움이 없었다면 지금과 같은 책의 완성도를 기대하기 어려웠음을 잘 알고 있습니다. 깊이 감사드립니다. 그리고 영어 번역을 맡아 주신 이소명 번역가님, 멋진 삽화 작업으로 빛나는 책을 만들어 주신 ㈜예성크리에이티브 분들께도 감사드립니다. 또 녹음을 담당해 주신 성우 이상운, 조경아 선생님과 2022년 가을 학기에 새 교재의 시범 단원으로 수업을 하신 후 소중한 의견을 주신 5급 정규반의 김민애, 선우용, 송계령, 유재선, 유재준, 윤소휘, 함창덕 선생님께도 진심으로 감사의 말씀을 드립니다. 마지막으로 학술 도서와 전혀 성격이 다른 한국어 교재의 출판을 결정하고 물심양면으로 지원해 주신 서울대학교출판문화원 이경묵 원장님과, 밤낮을 가리지 않고 고생을 감수하신 편집진분들께 깊이 감사드립니다.

2023년 10월
서울대학교 언어교육원 원장
장윤희

일러두기

《서울대 한국어+ Workbook 5B》는 《서울대 한국어+ Student's Book 5B》의 부교재로 9~16단원과 복습 5~8로 구성되었다. 각 단원은 두 개의 과로 구성되며 각 과는 '어휘' 연습, '문법과 표현' 연습으로 이루어져 있다. 복습은 '어휘, 문법과 표현, 듣기, 읽기, 쓰기, 말하기 과제'로 구성되어 있다.

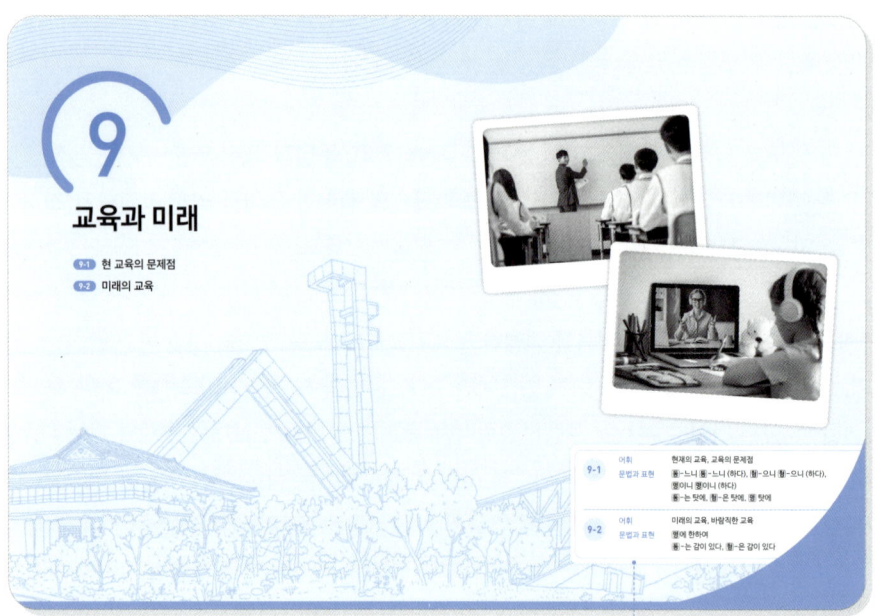

각 단원에서 학습 목표로 삼는 '어휘'와 '문법과 표현'을 제시하여 학습할 내용을 파악할 수 있도록 하였다.

어휘

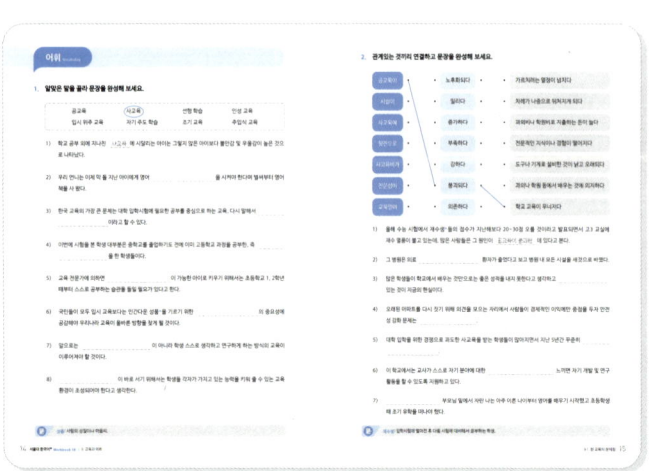

주제별로 선정된 목표 어휘를 사용할 수 있는 상황을 확인하고, 대화나 문장, 담화 안에서 어휘의 의미를 이해하고 연습할 수 있도록 하였다.

문법과 표현

문법과 표현의 의미와 사용 상황을 익힐 수 있도록 문장, 대화, 텍스트 단위에서 내용을 파악하고 완성하는 연습으로 구성하였다. 마지막 문제에서는 문법과 표현을 활용하여 학습자들이 스스로 짧은 담화를 생성할 수 있도록 하였다.

문장·대화 연습
제시어나 그림을 활용하여 문장이나 대화를 완성한다.

유의미한 연습
제시된 상황 또는 질문에 맞게 학습자 자신의 생각과 경험에 대해 이야기해 본다.

복습

두 단원마다 제시되는 복습에서는 각 단원에서 학습한 내용과 연계하여 어휘, 문법과 표현, 듣기, 읽기, 쓰기를 영역별로 복습하고 말하기 과제를 통해 학습자들이 배운 내용을 모두 활용하여 활발하게 의미 협상을 할 수 있도록 구성하였다.

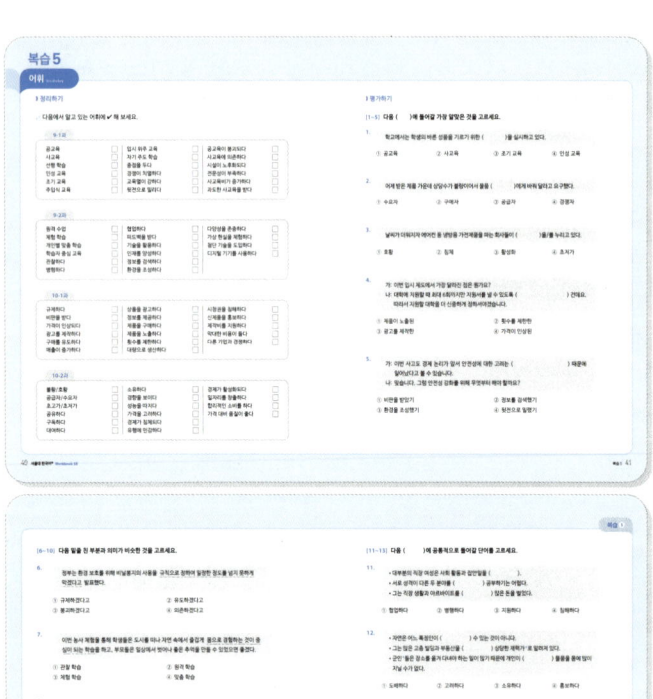

어휘

목표 어휘 목록과 함께 문제를 제공하여 학습한 어휘를 재확인하고 연습할 수 있도록 하였다.

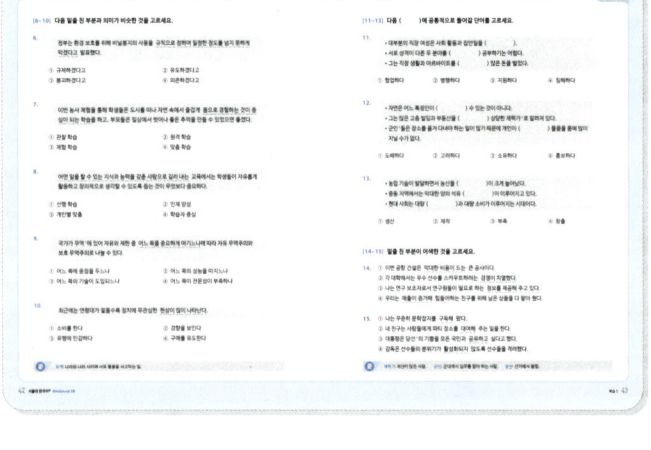

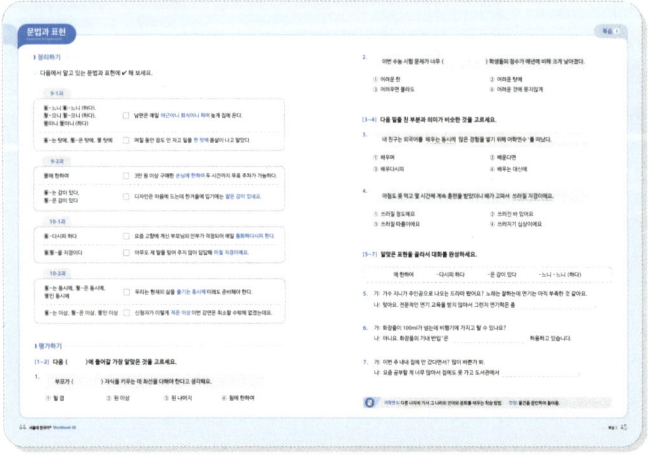

문법과 표현

문법과 표현의 각 항목을 예문과 함께 제시하여 학습 내용을 확인할 수 있도록 하였다. 또한 다양한 형태의 문제를 제공하여 각 항목의 의미와 용법을 재확인하고 연습할 수 있도록 하였다.

듣기

학습한 주제, 어휘, 문법과 표현과 관련된 다양한 내용의 듣기 자료를 문제와 함께 제공하여 학습자의 이해 능력과 듣기 유창성을 향상시키고자 하였다.

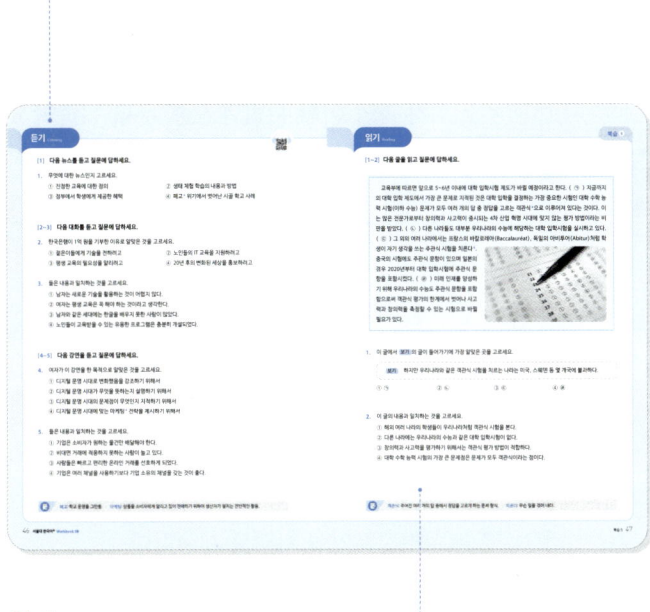

읽기

학습한 주제, 어휘, 문법과 표현과 관련된 다양한 내용의 읽기 자료를 문제와 함께 제공하여 학습자의 이해 능력과 읽기 유창성을 향상시키고자 하였다.

쓰기

정확성과 유창성을 기를 수 있도록 담화 완성형 쓰기와 500자 이상 글쓰기 연습으로 구성하였다.

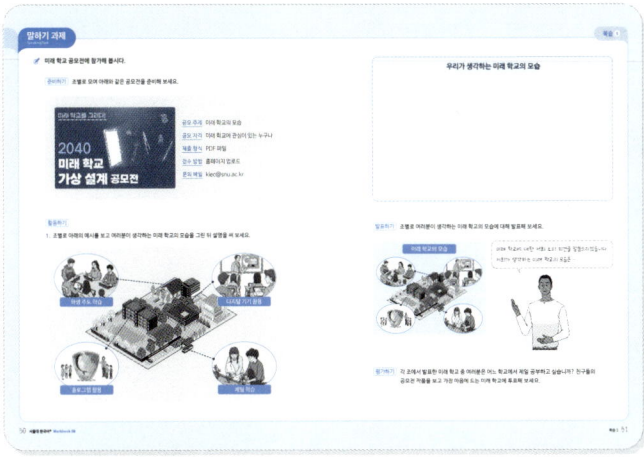

말하기 과제

학습한 주제, 언어, 기능 등을 바탕으로 학습자들이 자유롭게 의사소통하면서 하나의 목표를 이루어 가는 활동으로 구성하였다.

부록

'듣기 지문'과 '모범 답안'으로 구성된다.

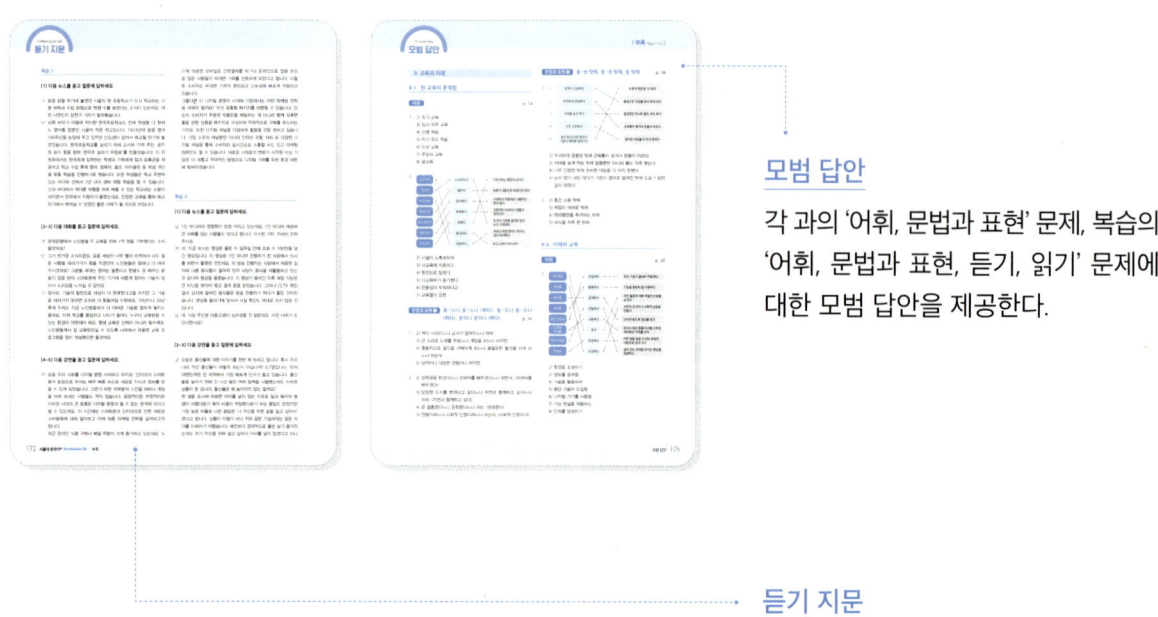

모범 답안
각 과의 '어휘, 문법과 표현' 문제, 복습의 '어휘, 문법과 표현, 듣기, 읽기' 문제에 대한 모범 답안을 제공한다.

듣기 지문
복습 듣기의 지문을 제공한다.

차례

	머리말	• 3
	일러두기	• 4
	교재 구성표	• 10

5B

| 9단원 | 교육과 미래 | 9-1. 현 교육의 문제점 | • 14 |
| | | 9-2. 미래의 교육 | • 20 |

| 10단원 | 생활 속 경제 | 10-1. 광고와 경제 | • 28 |
| | | 10-2. 소비와 경제 | • 34 |

복습 5 • 40

| 11단원 | 변화하는 사회 | 11-1. 저출산과 사회 문제 | • 54 |
| | | 11-2. 변화하는 가족 | • 60 |

| 12단원 | 대중 매체 | 12-1. 뉴 미디어 | • 68 |
| | | 12-2. 신문과 뉴스 | • 74 |

복습 6 • 80

| 13단원 | 역사와 인물 | 13-1. 나라의 건국과 멸망 | • 94 |
| | | 13-2. 역사 속 인물 | • 100 |

| 14단원 | 전통문화 | 14-1. 전통과 장인 | • 108 |
| | | 14-2. 전통과 현대의 만남 | • 114 |

복습 7 • 120

| 15단원 | 대중문화의 힘 | 15-1. 문화의 영향력 | • 134 |
| | | 15-2. 콘텐츠의 힘 | • 140 |

| 16단원 | 과학과 삶 | 16-1. 과학의 힘 | • 148 |
| | | 16-2. 발견과 발명 | • 154 |

복습 8 • 160

| 부록 |

| 듣기 지문 | • 172 |
| 모범 답안 | • 175 |

교재 구성표

단원 제목		어휘	문법과 표현
9. 교육과 미래	9-1. 현 교육의 문제점	• 현재의 교육 • 교육의 문제점	• 동-느니 동-느니 (하다), 형-으니 형-으니 (하다), 명이니 명이니 (하다) • 동-는 탓에, 형-은 탓에, 명 탓에
	9-2. 미래의 교육	• 미래의 교육 • 바람직한 교육	• 명에 한하여 • 동-는 감이 있다, 형-은 감이 있다
10. 생활 속 경제	10-1. 광고와 경제	• 경제 ① • 광고	• 동-다시피 하다 • 동형-을 지경이다
	10-2. 소비와 경제	• 경제 ② • 소비 경향	• 동-는 동시에, 형-은 동시에, 명인 동시에 • 동-는 이상, 형-은 이상, 명인 이상
복습 5			
11. 변화하는 사회	11-1. 저출산과 사회 문제	• 출산 • 저출산 정책	• 동-기에 앞서(서) • 동형-거나 하다
	11-2. 변화하는 가족	• 가족 • 노인 문제	• 동형-듯(이), 명이듯(이) • 동형-음에 틀림없다, 명임에 틀림없다
12. 대중 매체	12-1. 뉴 미디어	• 뉴 미디어 • 인터넷 방송의 장단점	• 동-는다든가, 형-다든가, 명이라든가 • 동-으려고 들다
	12-2. 신문과 뉴스	• 언론의 위기 • 언론의 역할	• 동형-다 못해 • 명에 달하다, 명에 그치다
복습 6			

단원 제목		어휘	문법과 표현
13. 역사와 인물	13-1. 나라의 건국과 멸망	• 건국과 멸망 • 문명과 강	• 동-으려야 동-을 수(가) 없다 • 동형-은들, 명인들
	13-2. 역사 속 인물	• 인물의 업적 • 인물에 대한 평가	• 동형-기에, 명이기에 • 동형-어서야
14. 전통문화	14-1. 전통과 장인	• 공예품 • 묘사	• 동형-길래, 명이길래 • 동-기조차, 명조차
	14-2. 전통과 현대의 만남	• 퓨전 문화 • 논란	• 동-는 가운데, 형-은 가운데 • 동-는 만큼, 형-은 만큼, 명인 만큼
복습 7			
15. 대중문화의 힘	15-1. 문화의 영향력	• 대중문화의 영향력 • 선한 영향력	• 동-는답니다, 형-답니다, 명이랍니다 • 형-으나마, 명이나마
	15-2. 콘텐츠의 힘	• 대중문화 콘텐츠 • 감상과 비평	• 명을 바탕으로 • 동형-어서인지, 명이어서인지
16. 과학과 삶	16-1. 과학의 힘	• 과학 기술 • 과학 수사	• 명에 관하여 • 동-는 법이다, 형-은 법이다
	16-2. 발견과 발명	• 발명과 발견 • 전자 제품	• 동형-겠거니 하다, 명이겠거니 하다 • 동-기 나름이다, 명 나름이다
복습 8			

9 교육과 미래

- **9-1** 현 교육의 문제점
- **9-2** 미래의 교육

	어휘	현재의 교육, 교육의 문제점
9-1	문법과 표현	동-느니 동-느니 (하다), 형-으니 형-으니 (하다), 명이니 명이니 (하다) 동-는 탓에, 형-은 탓에, 명 탓에
9-2	어휘	미래의 교육, 바람직한 교육
	문법과 표현	명에 한하여 동-는 감이 있다, 형-은 감이 있다

어휘 Vocabulary

1. 알맞은 말을 골라 문장을 완성해 보세요.

> 공교육　　　사교육　　　선행 학습　　　인성 교육
> 입시 위주 교육　　　자기 주도 학습　　　조기 교육　　　주입식 교육

1) 학교 공부 외에 지나친 __사교육__ 에 시달리는 아이는 그렇지 않은 아이보다 불안감 및 우울감이 높은 것으로 나타났다.

2) 우리 언니는 이제 막 돌 지난 아이에게 영어 _____ 을 시켜야 한다며 벌써부터 영어 책을 사 왔다.

3) 한국 교육의 가장 큰 문제는 대학 입학시험에 필요한 공부를 중심으로 하는 교육, 다시 말해서 _____ 이라고 할 수 있다.

4) 이번에 시험을 본 학생 대부분은 중학교를 졸업하기도 전에 이미 고등학교 과정을 공부한, 즉 _____ 을 한 학생들이다.

5) 교육 전문가에 의하면 _____ 이 가능한 아이로 키우기 위해서는 초등학교 1, 2학년 때부터 스스로 공부하는 습관을 들일 필요가 있다고 한다.

6) 국민들이 모두 입시 교육보다는 인간다운 성품*을 기르기 위한 _____ 의 중요성에 공감해야 우리나라 교육이 올바른 방향을 찾게 될 것이다.

7) 앞으로는 _____ 이 아니라 학생 스스로 생각하고 연구하게 하는 방식의 교육이 이루어져야 할 것이다.

8) _____ 이 바로 서기 위해서는 학생들 각자가 가지고 있는 능력을 키워 줄 수 있는 교육 환경이 조성되어야 한다고 생각한다.

 성품: 사람의 성질이나 마음씨.

2. 관계있는 것끼리 연결하고 문장을 완성해 보세요.

공교육이	노후화되다	가르치려는 열정이 넘치다
시설이	밀리다	차례가 나중으로 뒤처지게 되다
사교육에	증가하다	과외비나 학원비로 지출하는 돈이 늘다
뒷전으로	부족하다	전문적인 지식이나 경험이 떨어지다
사교육비가	강하다	도구나 기계로 설비한 것이 낡고 오래되다
전문성이	붕괴되다	과외나 학원 등에서 배우는 것에 의지하다
교육열이	의존하다	학교 교육이 무너지다

1) 올해 수능 시험에서 재수생*들의 점수가 지난해보다 20~30점 오를 것이라고 발표되면서 고3 교실에 재수 열풍이 불고 있는데, 많은 사람들은 그 원인이 <u>공교육이 붕괴된</u> 데 있다고 본다.

2) 그 병원은 의료 _____ 환자가 줄었다고 보고 병원 내 모든 시설을 새것으로 바꿨다.

3) 많은 학생들이 학교에서 배우는 것만으로는 좋은 성적을 내지 못한다고 생각하고 _____ 있는 것이 지금의 현실이다.

4) 오래된 아파트를 다시 짓기 위해 의견을 모으는 자리에서 사람들이 경제적인 이익에만 중점을 두자 안전성 강화 문제는 _____ .

5) 대학 입학을 위한 경쟁으로 과도한 사교육을 받는 학생들이 많아지면서 지난 5년간 꾸준히 _____ .

6) 이 학교에서는 교사가 스스로 자기 분야에 대한 _____ 느끼면 자기 개발 및 연구 활동을 할 수 있도록 지원하고 있다.

7) _____ 부모님 밑에서 자란 나는 아주 이른 나이부터 영어를 배우기 시작했고 초등학생 때 조기 유학을 떠나야 했다.

재수생: 입학시험에 떨어진 후 다음 시험에 대비해서 공부하는 학생.

문법과 표현 ❶ 동-느니 동-느니 (하다), 형-으니 형-으니 (하다), 명이니 명이니 (하다)

1. 그림을 보고 문장을 완성해 보세요.

1)

요즘 아이들은 <u>영어 학원이니 수학 학원이니 하며</u> 사교육에 지나치게 의존한다.

2)

미디어에서는 _____ 미래 학교의 모습을 전망하고 있다.

3)

학생들은 학업 스트레스를 풀기 위해 _____ 내 생각에는 뭐니 뭐니 해도 휴식이 최고다.

4)

사람들은 광고 때문에 _____ 결국 구매는 소비자가 결정하는 것이다.

5)

취업 준비생들은 취업할 때 중요한 것이 _____ 사실 가장 필요한 것은 관련 분야의 지식이다.

2. 다음과 같이 문장을 완성해 보세요.

1) 친구가 새로 이사할 집이 <u>인테리어가 예쁘다느니 거실이 넓다느니 하는데</u> 내가 보기에는 새로운
(인테리어가 예쁘다, 거실이 넓다)
집으로 이사를 하게 되어 그저* 모든 게 좋은 것 같다.

2) 새해를 맞이해서 언니는 _____ 새해 계획을 세우고 있다.
(장학금을 받겠다,   )

3) 은퇴한 사람들 사이에서 _____ 전원생활* 열풍이 불고 있다.
(답답한 도시를 벗어나고 싶다,   )

4) 인터넷에 제가 _____ 거짓 정보가 많은데 모두
(곧 결혼한다,   )
사실이 아니니 믿지 마십시오.

5) 사람들은 직업을 구할 때 중요한 조건이 _____
(연봉이다,   )
내 생각에는 적성에 잘 맞는 직업을 찾는 것이 제일 중요하다.

3. 위 문법을 사용하여 이야기해 보세요.

- 배우자를 정할 때 중요하다고 생각하는 조건이 뭐예요?
- 미래에는 어떤 직업이 전망이 좋을까요? 왜 그렇게 생각해요?
- 여름 하면 생각나는 음식이 있어요? 어떤 음식이에요?

배우자를 정할 때 중요하다고 생각하는 조건이 뭐예요?

배우자를 정할 때 중요한 것은 뭐니 뭐니 해도 그 사람의 능력이 아닐까 해요. 결혼은 현실이기 때문에 사랑만으로는 결혼할 수 없을 것 같아요.

사람들은 배우자의 조건으로 외모니 학력이니 하며 따지는데 저는 무엇보다 두 사람의 사랑이 중요하다고 생각해요.

 그저: 어쨌든지 무조건.   전원생활: 도시를 떠나 시골에서 한가하게 지내는 생활.

9-1. 현 교육의 문제점

문법과 표현 ❷ 동-는 탓에, 형-은 탓에, 명 탓에

1. 관계있는 것끼리 연결하고 문장을 완성해 보세요.

   1) 성격이 소심하다 • • 도로가 빙판길*이 되다
   2) 무리하게 운동하다 • • 불필요한 걱정을 많이 하게 되다
   3) 저녁을 늦게 먹다 • • 얼굴뿐만 아니라 몸도 자주 붓다
   4) 너무 긴장하다 • • 근육통이 생겨서 온몸이 아프다
   5) 눈이 많이 내린 데다가 기온이 영하로 떨어지다 • • 준비한 대답을 다 하지 못하다

   1) 나는 _성격이 소심한 탓에 불필요한 걱정을 많이 하게 된다_ .

   2) 어제 _____.

   3) 평소에 _____.

   4) 면접관 앞에서 _____.

   5) 어젯밤에 _____.

   빙판길: 얼음이 얼어 미끄러운 길.

2. 알맞은 말을 골라 대화를 완성해 보세요.

> (입시 위주의 교육)   층간 소음   외식을 자주 하다   취업이 어렵다   편리함만을 추구하다

1) 가: <u>입시 위주의 교육 탓에</u> 사교육을 받는 학생이 날이 갈수록 증가하고 있어요.
   나: 맞아요. 그뿐만 아니라 학생들이 제 학년에 맞지 않는 공부를 하는 경향도 심해지고 있고요.

2) 가: _____ 잠을 잘 못 잤더니 피곤하네요.
   나: 집에서라도 편하게 쉬어야 하는데 시끄러워서 정말 힘들겠어요.

3) 가: 요즘 _____ 졸업을 늦추는 대학생들이 많대요.
   나: 맞아요. 저도 졸업을 미뤄야 하나 고민 중이에요.

4) 가: 최근 일회용품 사용이 급속히 증가하고 있는데요. 원인이 무엇이라고 보십니까?
   나: 사람들이 _____ 일회용품 사용이 증가하는 것이 아닐까 싶습니다.

5) 가: 지난달에 _____ 돈을 너무 많이 썼어요.
   나: 그럼 이번 달에는 밖에서 사 먹는 대신 요리를 좀 더 자주 해서 생활비를 아껴 보세요.

3. 위 문법을 사용하여 다음 주제에 대해 이야기해 보세요.

> 날씨 때문에 하지 못한 일   공부에 집중하지 못한 경험   고치고 싶은 자신의 성격   ?

비가 너무 많이 오는 탓에 야외 콘서트를 보던 중 공연이 취소된 적이 있어요. 공연이 시작한 지 30분쯤 되었을 때 비가 쏟아지기 시작했고 점점 더 심해져서 결국 가수와 관객의 안전을 위해 공연이 취소됐어요.

어휘 Vocabulary

1. 관계있는 것끼리 연결하고 문장을 완성해 보세요.

피드백을	도입되다	최신 기술이 들어와 적용되다
환경을	활용하다	기술을 충분히 잘 이용하다
정보를	검색하다	어떤 활동에 대해 적절한 반응을 보이다
기술을	체험하다	자연적 조건이나 사회적 상황을 만들다
첨단 기술이	사용하다	인터넷 등으로 정보를 찾다
디지털 기기를	주다	문자나 영상 등을 디지털 신호로 처리하는 기계를 쓰다
가상 현실을	양성하다	어떤 일을 잘할 수 있는 유능한 사람으로 길러 내다
인재를	조성하다	실제 있는 것처럼 보이는 현실을 경험하다

1) 요즘 방송사에서는 프로그램에 대한 <u>피드백을 주는</u> 시청자에게 문화 상품권, 커피 교환권 등 다양한 상품을 제공한다.

2) 춘천시는 이번 마라톤 대회를 성공적으로 개최하고자 깨끗하고 쾌적한 _____ 위해 힘쓰고 있다.

3) 인터넷은 _____ 때 필요할 뿐만 아니라 채팅을 하거나 메일을 보내는 데에도 사용된다.

4) 정부에서는 우리의 뛰어난 IT _____ 새로운 교육 체계를 제시하겠다고 발표했다.

5) 요즘 무인 시스템 등 _____ 가게가 늘고 있다.

6) 텔레비전이나 라디오 프로듀서로 일하려면 컴퓨터 외에도 방송을 할 때 필요한 _____ 줄 알아야 한다.

7) 이곳에서는 최신 기술을 통해 실제처럼 생생하게 _____ 기회를 제공한다.

8) 이번에 시립 오케스트라에서 국내의 우수한 _____ 위해 전문적인 교육을 실시하기로 했다.

2. 관계있는 것끼리 연결하고 대화를 완성해 보세요.

개인별 맞춤 학습	어떤 사물이나 현상을 자세히 살펴보다
관찰하다	교실 밖에서 직접 경험하며 이루어지는 학습
병행하다	학생 한 명 한 명의 수준이나 능력에 맞춰서 이루어지는 학습
협업하다	둘 이상의 일을 한꺼번에 하다
원격 수업	여러 사람이 함께 모여서 협력하여 일하다
체험 학습	배우는 사람 위주로 하는 교육
학습자 중심 교육	한 장소에서 모여서 하는 수업이 아닌, 멀리 떨어져서 가르쳐 주는 수업

1) 가: 이 학원의 장점은 뭔가요?
   나: 우리 학원에서는 학습 효과를 최대한 높이기 위해 <u>개인별 맞춤 학습</u>을 실시하고 있습니다.

2) 가: 각 팀에서 어떤 활동을 했는지 발표해 보세요.
   나: 우리 팀에서는 양파가 자라는 과정을 자세히 _____.

3) 가: 요즘 아르바이트까지 하느라 힘들지요?
   나: 네. 학교 공부와 아르바이트를 _____ 쉽지 않네요.

4) 가: 이번 전시회는 어떤 특징이 있습니까?
   나: 이번 전시에는 교수들과 학생들이 _____ 만든 작품이 많이 있습니다.

5) 가: 앞으로는 학생이 매일 학교에 가서 수업받지 않아도 될 거라고 하던데요.
   나: 네. 학생이 학교에 가서 받는 수업 외에 _____이나 교사가 가정을 방문해서 하는 수업도 같이 이루어질 거라고 하네요.

6) 가: 주말에 무슨 계획이 있어요?
   나: 이번 주 토요일에는 학교에서 _____을 하러 과학관에 가기로 했어요.

7) 가: 새로 뽑힌 대통령이 우리나라의 교육 제도를 교사의 강의를 중심으로 한 교육에서 _____으로 바꾸겠다고 하는데 가능할까요?
   나: 열심히 노력하겠다고 했으니까 믿어 봐야지요.

문법과 표현 ③ 명에 한하여

1. 관계있는 것끼리 연결하고 문장을 완성해 보세요.

   1) 희망자 • • 시범* 운영을 하다
   2) 서울 지역 • • 교환 및 반품을 신청하다
   3) 미리 예매를 한 사람 • • 바로 입장이 가능하다
   4) 평균 성적이 A 이상인 학생 • • 장학금을 신청하다
   5) 불량*인 경우 • • 봄 학기부터 온라인 교육을 실시하다

   1) 평생 교육원에서는 <u>희망자에 한하여 봄 학기부터 온라인 교육을 실시할 예정입니다</u>.
   2) 대중교통 체계의 개편*을 앞두고 _____.
   3) 이번 전시는 _____.
   4) 대학에 재학 중이며 _____.
   5) 할인 상품은 _____.

2. 그림을 보고 문장을 완성해 보세요.

   1)  뮤지컬 공연이 다음 주에 시작하는데 <u>수험생에 한해서 40% 할인을 받을 수 있대요</u>.

 시범: 모범을 보임.　**불량**: 물건 등의 품질이나 상태가 나쁨.　**개편**: 기구나 조직, 프로그램 등을 고치고 바꿔서 다시 만듦.

2) 사거리에 새로 생긴 한국마트에서 _____.

3) 이 인터넷 쇼핑몰에서 물건을 사면 _____.

4) 오늘 서울식당에서 _____.

5) 한국호텔에서는 _____.

3. 위 문법을 사용하여 이야기해 보세요.

- 학생 식당은 누구든지 할인된 가격으로 이용할 수 있어요?
- 학교 장학금은 어떤 학생이 받을 수 있어요?
- 회원에게 특별한 혜택을 주는 쇼핑몰에 가입해 본 적이 있어요? 어떤 혜택을 줘요?

 학생 식당은 누구든지 할인된 가격으로 이용할 수 있어요?

아니요. 학교 학생이나 교직원에 한해 할인받을 수 있어요.

발송: 물건, 편지 등을 우편이나 택배를 이용하여 보냄. **투숙객**: 숙박 시설에서 묵는 사람.

문법과 표현 ④ 동-는 감이 있다, 형-은 감이 있다

1. **알맞은 말을 골라 문장을 완성해 보세요.**

   > (늦다)   두껍다   심하다   이르다   지루하다

   1) 지금 외국어를 배우기에는 좀 <u>늦은 감이 있지만</u> 일단 시작해 보려고 한다.

   2) 새로 시작한 드라마를 봤는데 특별한 사건이 없어서 _____.

   3) 이 옷은 한여름에 입기에는 _____ 디자인이 예뻐서 만족한다.

   4) 아무리 조기 교육 열풍이라고 해도 고등학교 수준의 영어 학습을 초등학생이 하기에는 _____.

   5) 새로운 주행* 속도 제한 정책은 정도가 좀 _____ 안전을 위해서 어쩔 수 없다고 생각한다.

2. **다음과 같이 대화를 완성해 보세요.**

   1) 가: 식사 좀 더 드릴까요? 부족하지 않으세요?
      나: 괜찮아요. 조금 <u>부족한 감이 있지만</u> 시간도 늦고 해서 조금만 먹으려고요.

   2) 가: 집을 계약했다면서요? 비싼 것 같다고 망설였었잖아요.
      나: 주변 집과 비교하면 조금 _____ 전망이 너무 좋아서 사기로 했어요.

   3) 가: 제가 어제 약속 시간에 좀 늦었더니 여자 친구가 화를 내고 집에 가 버렸어요.
      나: 그렇게까지 화를 냈다니 좀 _____.

   주행: 자동차나 열차 등이 달림.

4) 가: 면접을 보러 갈 때 입기에는 옷 색이 너무 밝은 거 아니에요?
   나: 약간 _____ 화사해 보여서 오히려 좋은 인상을 줄 수도 있지 않을까요?

5) 가: 요즘 친환경적인 화장품 용기*가 많이 나오던데 이 제품은 그렇지 않아서 좀 아쉬워요.
   나: 맞아요. 피부에 좋다고 해서 사긴 했는데 환경을 생각하면 _____.

6) 가: 지금 연락하기에는 시간이 좀 늦은 것 같지요?
   나: _____.

3. 위 문법을 사용하여 다음 주제에 대해 이야기해 보세요.

쇼핑한 물건   서울의 물가

적절한 결혼 연령   ?

얼마 전 인터넷에서 마음에 드는 디자인의 바지를 주문했는데요. 실제로 받아 보니 원단*이 좀 두꺼운 감이 있어서 아쉬웠어요. 그래도 질이 좋아서 그냥 입으려고요.

저는 지난주에 선글라스를 샀는데요. 디자인은 마음에 드는데 썼을 때 좀 무거운 감이 있어서 잘 안 쓰게 되네요. 중고 시장에 팔까 고민 중이에요.

용기: 물건을 담는 그릇.   원단: 의류의 재료가 되는 천.

10 생활 속 경제

- **10-1** 광고와 경제
- **10-2** 소비와 경제

10-1	어휘	경제 ①, 광고
	문법과 표현	동-다시피 하다
		동형-을 지경이다
10-2	어휘	경제 ②, 소비 경향
	문법과 표현	동-는 동시에, 형-은 동시에, 명인 동시에
		동-는 이상, 형-은 이상, 명인 이상

어휘 Vocabulary

1. 관계있는 것끼리 연결하고 대화를 완성해 보세요.

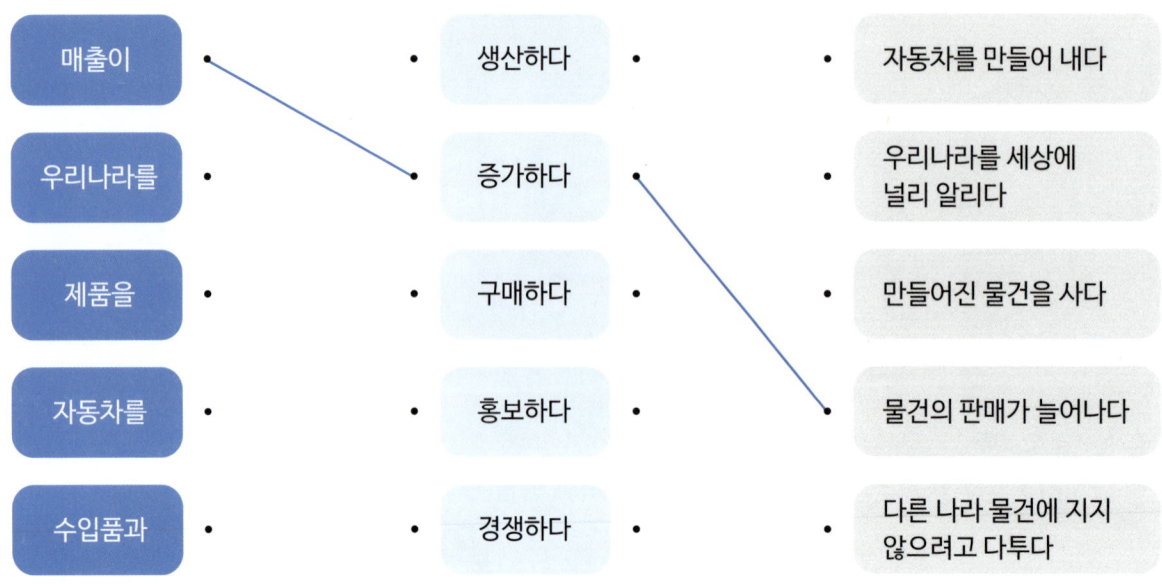

1) 가: 올여름 무더위가 계속될 거라는 뉴스가 나오면서 지난해보다 에어컨 <u>매출이 증가하고</u> 있대요.
   나: 그래요? 저도 에어컨을 사야 하는데 다 팔리기 전에 서둘러야겠네요.

2) 가: 사람들이 너나없이 다 해외로 여행을 나가니 우리나라 관광업의 손해가 큰데 좋은 아이디어 없을까요?
   나: 그럼 거꾸로 외국인들이 우리나라로 여행을 많이 오도록 외국에 _____ 관광포스터를 제작하는 건 어떨까요?

3) 가: 이번에 냉장고 바꾼다고 했지요? 백화점에서 신상품을 홍보하려고 _____ 고객에게 백화점 상품권을 선물로 제공하기로 했대요.
   나: 그럼 저도 백화점에서 사야겠네요. 정보 알려줘서 고마워요.

4) 가: 뉴스에 따르면 지구 온난화가 점점 더 빠르게 진행되고 있다고 하네요. 정말 걱정이에요.
   나: 맞아요. 그래서 자동차 업체에서는 전기나 태양열을 이용한 친환경 _____ 데 많은 투자를 하고 있대요.

5) 가: 외국에서 수입되는 고가의 물건을 구매하는 소비자가 점점 늘고 있는데요. 우리나라 기업에서는 어떤 전략을 세워야 할까요?
   나: 우리나라 기업도 고가의 _____ 위해 가격이 조금 비싸더라도 디자인과 품질에서 밀리지 않는 제품을 개발하도록 힘쓸 필요가 있습니다.

2. 밑줄 친 부분과 의미가 같은 말을 골라 알맞게 써 보세요.

> 규제하다   가격이 인상되다   (광고를 제작하다)   구매를 유도하다   막대한 비용이 들다
> 시청권을 침해하다   정보를 제공하다   제작비를 지원하다   제품을 노출하다   횟수를 제한하다

1) 환경 문제에 대한 사람들의 의식을 높이기 위해 환경 오염의 심각성을 알리는 공익 광고를 만들고 있다.
   ➡ 광고를 제작하고 있다

2) 영화진흥위원회는 올해부터 매년 단편 영화 제작자에게 영화 만드는 데 필요한 비용을 도와줄 계획이다.
   ➡ 제작비를 지원할

3) 교통 방송은 신속하고 정확하게 교통에 대한 자료나 소식을 전해 줌으로써 출퇴근하는 시민에게 도움이 되고 있다.
   ➡ 정보를 제공함

4) 방송사에서 중간 광고를 하기로 하자 사람들의 텔레비전을 볼 권리에 해를 끼친다는 지적을 받았다.
   ➡ 시청권을 침해한다는

5) 나는 여행하는 동안 기차를 마음껏 타고 싶어서 기차에 탑승할 수 있는 횟수의 한도를 정하지 않고 여러 번 사용할 수 있는 패스 카드를 구매했다.
   ➡ 횟수를 제한하지

6) 요즘은 상품을 더 많이 팔기 위해서 인터넷에 자주 물건을 보여 주는 방법이 주목받고 있다.
   ➡ 제품을 노출하는

7) 요즘 배추, 파, 감자 등 농산물*의 값이 오르면서 서민 경제가 어려워지고 있어 정부의 대책이 필요하다.
   ➡ 가격이 인상되면서

8) 옷 가게 점원은 손님이 옷을 사게 하기 위해 손님에게 옷을 입어 보라고 여러 차례 권했다.
   ➡ 구매를 유도하기 위해

9) 정부는 일회용 컵 사용을 규칙을 정해 제한하려고 카페에서 음료를 마시는 경우 일회용 컵을 사용하지 못하게 했다.
   ➡ 규제하려고

10) 공항을 새로 짓는 데에는 매우 큰 돈이 들어가고 그곳에서 일할 사람도 많이 필요하다.
    ➡ 막대한 비용이 들고

농산물: 농사를 지어 얻은 물건.

문법과 표현 1 동-다시피 하다

1. 알맞은 말을 골라 문장을 완성해 보세요.

   기어가다*   끊기다   (사라지다)   살다   키우다

   1) 이메일과 메시지, SNS 등의 통신 기술이 발달하면서 손 편지는   사라지다시피 했다 .

   2) 부모님이 맞벌이*를 하셔서 할머니, 할아버지께서 우리를 다 _____.

   3) 몇 년 동안 계속해서 오르는 집값으로 인해 부동산 거래가 _____.

   4) 설 연휴가 끝나고 고속 도로에 귀경길* 차량이 많아지면서 차들이 _____.

   5) 1등을 놓친 적이 없는 줄리앙은 시험 때마다 도서관에서 _____.

2. 다음을 읽고 위 문법을 사용하여 문장을 완성해 보세요.

   1)
   강 감독의 영화는 부산국제영화제에서 시나리오상, 감독상 등 일곱 개 부문에서 수상했습니다.

   ➡ 강 감독의 영화는   영화제에서 상을 휩쓸다시피 했다 .

   2)
   올해 프로 선수단에 입단한 신입 선수는 요즘 매일 연습장에 나와 아침부터 늦은 밤까지 연습하고 있습니다.

   ➡ 신입 선수는 요즘 _____.

   기어가다: 자동차 등이 매우 천천히 가다.   **맞벌이**: 부부가 모두 직업을 가지고 돈을 벎. 또는 그런 일.
   귀경길: 서울로 돌아가거나 돌아오는 길.

3)  전염병 유행으로 인해 사람들이 외출을 꺼리게 되면서 온라인 공연이 늘고 공연장에서 하는 공연은 대부분 없어졌습니다.

➡ 전염병이 유행하면서 _____.

4)  요즘 입맛이 없어서 끼니를 거르는 일이 많아요. 오늘도 쿠키만 조금 먹고 계속 굶었어요.

➡ 요즘 입맛이 없어서 _____.

5)  최근에 룸메이트가 너무 바빠서 룸메이트가 해야 하는 집안일까지도 제가 거의 다 하고 있어요.

➡ 룸메이트가 바빠서 내가 _____.

3. 위 문법을 사용하여 이야기해 보세요.

- 자주 가는 장소가 있어요? 그 장소에 왜 자주 가요?
- 자주 만나는 사람이 있어요? 얼마나 자주 만나요?
- 하루 종일 밥을 제대로 못 먹은 적이 있어요? 무슨 일 때문에 그랬어요?

자주 가는 장소가 있어요? 그 장소에 왜 자주 가요?

어렸을 때 부모님 두 분 모두 일을 하셔서 할머니 댁에서 살다시피 했어요. 할머니하고 정말 가까운 사이라 지금도 자주 가요.

문법과 표현 ② 동형 -을 지경이다

1. 관계있는 것끼리 연결하고 문장을 완성해 보세요.

1) 배도 고프고 더위에 지치다 — 쓰러지다
2) 숨이 차다 — 죽다
3) 식품값이 급격히 오르다 — 장 보러 가기가 무섭다
4) 생각 없이 소비를 하다 — 손을 쓸 수 없다
5) 증상이 심해지다 — 카드값을 감당하지* 못하다

1) 운동 대회에 나가기 위해 체중 조절을 하느라고 며칠 동안 굶다시피 했다. 오늘은 운동장에서 훈련을 하는데 <u>배도 고프고 더위에 지쳐서 쓰러질 지경이었다</u>.

2) 제주도에 갔을 때 날씨가 좋아서 즉흥적으로 한라산에 갔다. 준비 없이 산 정상까지 올랐더니 _____.

3) 최근 계속된 가뭄으로 인해 과일, 채소 등을 재배하기 어려워졌다. 이에 _____.

4) 이제 막 일하기 시작한 사회 초년생*은 돈을 벌기 시작하면서 쉽게 돈을 쓰게 되는 경향이 있다. 심한 경우, _____ 되기도 한다.

5) 할아버지께서 요즘 기운도 없으시고 계속 기침을 하셔서 병원에 모시고 갔다. 며칠 치료를 받으면 괜찮아지실 거라고 생각했는데 _____ 이르렀다.

 감당하다: 견뎌 내다.   **사회 초년생**: 사회에 나와 일을 시작한 지 얼마 되지 않은 사람.

2. 다음과 같이 대화를 완성해 보세요.

1) 가: 송지민이 나온 화장품 광고 봤어? 광고 보니까 나도 사고 싶어져서 주문하려고.
   나: 빨리 주문해야 할걸? 그 광고로 판매가 늘면서 <u>물건이 부족해서 못 팔 지경이래</u>.

2) 가: 어디에서 이렇게 맛있는 냄새가 나지요? 냄새를 맡으니까 배고파지네요.
   나: 저도요. 아침을 못 먹었는데 맛있는 냄새가 나니 _____.

3) 가: 괜찮아요? 많이 아파 보여요.
   나: 요즘 일 때문에 스트레스를 너무 많이 받았더니 _____.

4) 가: 쇼핑몰에서 주문한 물건을 받았는데 _____.
   나: 인터넷 쇼핑몰은 직접 품질을 확인할 수가 없어서 문제예요. 질이 나빠서 사용하지 못하는 일이 자주 생기는 것 같아요.

5) 가: 어제 무슨 일 있었어요? 얼굴이 빨개진 채로 걸어가는 거 봤어요.
   나: 학교 정문 앞에서 넘어졌는데 사람이 엄청 많았거든요. _____.

3. 위 문법을 사용하여 다음 주제에 대해 이야기해 보세요.

| 매우 배가 고팠던 경험 | 매우 답답하다고 느꼈던 경험 | 쓰러질 정도로 무리하게 일을 한 경험 | ? |

매우 배가 고팠던 적이 있어요?

너무 늦게 일어나서 아침을 안 먹고 학교에 온 적이 있어요. 오전 내내 빈속으로 수업을 들었는데 집중도 안 되고 배고파서 죽을 지경이었어요.

어휘 Vocabulary

1. 알맞은 말을 골라 대화를 완성해 보세요.

> 공급자   불황   초고가   초저가   호황
> 경제가 침체되다   경제가 활성화되다   일자리를 창출하다

1) 가: 경제 __불황__ 때문에 올해 대학생 취업률이 낮다고 하는 뉴스 봤어요?
   나: 네. 우리 아들도 내년에 졸업반인데 걱정이네요.

2) 가: 경기가 안 좋은 상황에서 실업률이 계속 높아지고 있는데 정부는 어떤 계획을 세우고 있습니까?
   나: 앞으로 대규모 재생 에너지 사업을 진행하여 _____ 계획입니다.

3) 가: 백화점에서 _____ 육아용품의 매출이 작년보다 늘었대요.
   나: 요즘은 아이를 하나만 낳는 경우가 많아서 아이한테 쓰는 돈을 아끼지 않는 경향이 있는 것 같아요.

4) 가: 수요자는 될 수 있으면 물건을 싸게 사려고 할 것이고 _____ 은/는 될 수 있으면 비싸게 팔려고 할 텐데 가격은 어떻게 결정이 되는 걸까요?
   나: 글쎄요. 공급이 수요보다 많으면 상품의 가격이 내려가고 반대로 수요가 공급보다 많으면 가격은 올라가겠지요.

5) 가: 어떤 방법을 쓰면 _____ ?
   나: 전문가들은 물가를 안정시키는 것이 경제 활동을 활발하게 하는 가장 좋은 방법이라고 하네요.

6) 가: 어제 신문을 봤는데 요즘 불황이라 여행 가려는 사람이 없어서 그런지 _____ 패키지여행 상품이 나왔다는데요.
   나: 그래요? 안 그래도 휴가 비용 때문에 걱정이었는데 알아봐야겠네요.

7) 가: 요즘 택배 회사에서는 직원이 모자란다고 하던데요?
   나: 재택근무를 하거나 인터넷 쇼핑을 하는 사람들이 늘어나면서 택배업이 _____ 을/를 누리는 것 같아요.

8) 가: 뉴스에서 요즘 _____ 소비가 크게 줄고 있다는 소식이 자주 나오네요.
   나: 그러게요. 뉴스에서 좋은 소식 좀 들었으면 좋겠어요.

2. 밑줄 친 부분과 의미가 같은 말을 골라 알맞게 써 보세요.

> 가격 대비 품질이 좋다　　가격을 고려하다　　(경향을 보이다)
> 성능을 따지다　　유행에 민감하다

1) 요즘 평균 결혼 연령이 과거에 비해 점점 높아지는 <u>분위기가 있어요</u>.
   ➡ 경향을 보여요

2) 가전제품은 가격보다는 <u>성질이나 기능이 좋은지 잘 살펴보고</u> 구입하는 게 중요한 것 같아요.
   ➡ _____

3) 이 제품은 <u>가격이 저렴한 데 비해 물건의 질이 좋아서</u> 합리적인 소비를 하려는 사람들이 많이 찾아요.
   ➡ _____

4) 이 바지는 <u>유행에 쉽게 영향을 받는</u> 디자인이어서 인기가 오래가지 않을 것 같아요.
   ➡ _____

5) 요즘 물가가 너무 비싸서 물건을 살 때 먼저 <u>물건값을 생각해 보게 돼요</u>.
   ➡ _____

3. 빈칸에 공통적으로 들어갈 말을 골라 알맞게 써 보세요.

> (공유하다)　　구독하다　　대여하다　　소유하다

1) 그 배우는 SNS에 사진을 올려 팬들과 일상을 <u>공유하고</u> 있다.
   요즘은 멀리 떨어져 있는 사람들과도 인터넷을 통해 실시간으로 의사소통을 하고 자료를 <u>공유한다</u>.

2) 나는 이 신문을 10년 동안 _____.
   매일 신선한 샐러드를 먹고 싶어서 샐러드 배송 서비스를 _____ 한다.

3) 공공시설은 개인이 _____ 것이 아니기 때문에 더욱 아껴야 한다.
   그는 자신이 _____ 있던 재산을 형편이 어려운 학생들을 위해 써 달라며 기부했다.

4) 요즘은 전자 제품뿐만 아니라 옷이나 가방까지 _____ 사람이 많아졌다.
   이 학교에서는 갑자기 비나 눈이 올 때 학생들에게 우산을 무료로 _____ 준다.

문법과 표현 3 동-는 동시에, 형-은 동시에, 명인 동시에

1. 관계있는 것끼리 연결하고 문장을 완성해 보세요.

    1) 마지막 연극 대사가 끝나다 • • 혼자라서 쓸쓸하다
    2) 자취*를 하니 홀가분하다 • • 특별한 추억도 남기다
    3) 커피숍을 운영하다 • • 인터넷 쇼핑몰에서 커피 판매 사업도 하다
    4) 내 생일이다 • • 우리 부부의 결혼기념일이다
    5) 많은 것을 보고 느끼다 • • 관객들이 모두 일어나 박수를 치다

    1) 공연은 성공적이었다. <u>마지막 연극 대사가 끝나는 동시에 관객들이 모두 일어나 박수를 쳤다</u>.
    2) 부모님과 함께 살다가 _____.
    3) 사장님께서는 _____.
    4) 4월 22일은 _____.
    5) 여행을 하면 _____.

2. 다음과 같이 대화를 완성해 보세요.

    1) 가: 3주 내내 이 책이 '읽고 싶은 책' 1위를 차지하고 있는데요. 이유가 뭐라고 생각하십니까?
       나: 내용이 <u>흥미진진한 동시에 청년들에게 희망을 주는 메시지를 전달해서 많은 분들이 좋아해</u>
       (흥미진진하다, 청년들에게 희망을 주는 메시지를 전달하다)
       <u>주시는 것 같습니다</u>.

 자취: 스스로 밥을 지어 먹으며 생활함.

2) 가: 이번에 새로 개설한 수업에 대해 학생들의 반응이 좋다면서요? 어떤 수업이에요?

   나: 네. 다수의 기업과 연계하여 _____ .

   (기업에서 실습*을 하다, 학교에서 이론*을 배우다)

3) 가: 유학을 가려고 회사에 다니며 돈을 모으고 있는데 생각보다 돈 모으기가 힘드네요.

   나: 큰돈을 마련하려면 _____ .

   (월급을 모으다, 생활비도 아끼다)

4) 가: 이번에 발표한 김종석 씨의 노래가 큰 인기를 끌고 있다고 들었습니다.

   나: 네. 그 노래는 _____ .

   (앨범이 공개되다, 1위를 차지하다)

5) 가: 4차 산업 혁명으로 인해 우리 사회가 매우 빠르게 변화하고 있는데요. 어떻게 보십니까?

   나: 4차 산업 혁명에 따른 사회의 변화는 인간에게 _____ .

   (위기, 기회)

3. 위 문법을 사용하여 이야기해 보세요.

- 과거로 다시 돌아가고 싶습니까?
- 미래를 생각하면 기대됩니까? 아니면 두렵습니까?
- 여러분 나라에는 긍정적인 평가와 부정적인 평가를 모두 받는 유명인이 있습니까? 그 사람에 대해 이야기해 주세요.

과거로 다시 돌아가고 싶습니까?

고등학생 때를 생각하면 다시 돌아가고 싶은 동시에 돌아가고 싶지 않다는 생각도 듭니다. 친구들과 지냈던 시간은 정말 재미있었지만 대학 입학을 위해서 공부하는 건 너무 힘들었기 때문입니다.

 실습: 배운 이론을 바탕으로 해서 실제로 해 보고 익히는 일.   **이론**: 어떤 지식을 논리적으로 일반화한 것.

문법과 표현 4 : 동-는 이상, 형-은 이상, 명인 이상

1. 관계있는 것끼리 연결하고 문장을 완성해 보세요.

   1) 씀씀이*를 줄이지 않다 — 아이들의 교육비를 감당할 수 없다
   2) 문제를 알게 되다 • • 주어진 일에 최선을 다해야 하다
   3) 식단 관리를 하지 않다 • • 기후 변화를 막기는 어렵다
   4) 월급을 받으며 일하다 • • 건강을 유지하기는 어렵다
   5) 개개인이 환경 보호를 위한 노력을 하지 않다 • • 해결책을 찾아야 하다

   1) 사교육비가 점점 늘어나 _씀씀이를 줄이지 않는 이상 아이들의 교육비를 감당할 수 없습니다_ .

   2) 몰랐으면 모르겠지만 _____ .

   3) 이대로 가다가는 당뇨병에 걸릴 수 있습니다. _____ .

   4) 회사 일을 대충 하겠다는 생각은 바람직하지 않습니다. _____ .

   5) 정부나 기관*에서 노력하는 데에도 한계가 있습니다. _____ .

2. 알맞은 말을 골라 대화를 완성해 보세요.

   | 결승전까지 올라오다 | 계약서에 서명하다 | (문제가 생기다) |
   | 중간까지 오다 | 중요한 일을 맡게 되다 |

   씀씀이: 돈, 물건, 마음 등을 쓰는 정도.   기관: 어떤 목적을 위해 설치한 조직.

1) 가: 이 많은 제품을 모두 수거하고 소비자들에게 보상을 하는 것은 현실적으로 불가능합니다.
    나: 어렵겠지만 <u>문제가 생긴 이상</u> 모든 제품을 수거하고 소비자에게 적절한 보상을 해야 합니다.

2) 가: 마라톤 완주*를 축하드립니다. 포기하고 싶다는 생각은 안 드셨습니까?
    나: 사실 중간쯤 왔을 때 그만 뛰고 싶다는 생각이 컸지만 _____ 포기할 수 없다고 생각했습니다.

3) 가: 처음 팀장을 맡게 돼서 부담이 크시겠어요.
    나: 부담은 되지만 _____ 끝까지 책임감을 가지고 일하려고 해요.

4) 가: 거래 업체에 약속한 날짜까지 제품을 보낼 수 없을 것 같은데요.
    나: _____ 무슨 일이 있어도 약속한 날짜까지 보내야 합니다.

5) 가: 여러 번의 경기로 체력적 한계를 느끼실 텐데요. 각오 한마디 부탁드립니다.
    나: _____ 꼭 우승하겠습니다. 많은 응원 부탁드립니다.

3. 위 문법을 사용하여 대답해 보세요.

헤어진 연인에게 실수로 전화를 했는데 그 사람이 보기 전에 부재중 전화 기록을 삭제할 수 있을까요?

전화를 한 이상 기록을 삭제할 수 있는 방법은 없어요.

한국 유학 생활이 너무 힘들어서 고향에 돌아가고 싶어요.

서점에서 현금으로 책을 사고 영수증을 버렸는데 환불하고 싶어요.

원룸 월세 계약서에 서명을 했는데 다른 집이 마음에 들어요.

 완주: 목표한 곳까지 다 달림.

복습 5

어휘 Vocabulary

▶ 정리하기

✏️ 다음에서 알고 있는 어휘에 ✔ 해 보세요.

9-1과

공교육 ☐	입시 위주 교육 ☐	공교육이 붕괴되다 ☐
사교육 ☐	자기 주도 학습 ☐	사교육에 의존하다 ☐
선행 학습 ☐	중점을 두다 ☐	시설이 노후화되다 ☐
인성 교육 ☐	경쟁이 치열하다 ☐	전문성이 부족하다 ☐
조기 교육 ☐	교육열이 강하다 ☐	사교육비가 증가하다 ☐
주입식 교육 ☐	뒷전으로 밀리다 ☐	과도한 사교육을 받다 ☐

9-2과

원격 수업 ☐	협업하다 ☐	다양성을 존중하다 ☐
체험 학습 ☐	피드백을 받다 ☐	가상 현실을 체험하다 ☐
개인별 맞춤 학습 ☐	기술을 활용하다 ☐	첨단 기술을 도입하다 ☐
학습자 중심 교육 ☐	인재를 양성하다 ☐	디지털 기기를 사용하다 ☐
관찰하다 ☐	정보를 검색하다 ☐	
병행하다 ☐	환경을 조성하다 ☐	

10-1과

규제하다 ☐	상품을 광고하다 ☐	시청권을 침해하다 ☐
비판을 받다 ☐	정보를 제공하다 ☐	신제품을 홍보하다 ☐
가격이 인상되다 ☐	제품을 구매하다 ☐	제작비를 지원하다 ☐
광고를 제작하다 ☐	제품을 노출하다 ☐	막대한 비용이 들다 ☐
구매를 유도하다 ☐	횟수를 제한하다 ☐	다른 기업과 경쟁하다 ☐
매출이 증가하다 ☐	대량으로 생산하다 ☐	

10-2과

불황/호황 ☐	소유하다 ☐	경제가 활성화되다 ☐
공급자/수요자 ☐	경향을 보이다 ☐	일자리를 창출하다 ☐
초고가/초저가 ☐	성능을 따지다 ☐	합리적인 소비를 하다 ☐
공유하다 ☐	가격을 고려하다 ☐	가격 대비 품질이 좋다 ☐
구독하다 ☐	경제가 침체되다 ☐	
대여하다 ☐	유행에 민감하다 ☐	

평가하기

[1~5] 다음 (   )에 들어갈 가장 알맞은 것을 고르세요.

1. 학교에서는 학생의 바른 성품을 기르기 위한 (   )을 실시하고 있다.

   ① 공교육　　　② 사교육　　　③ 조기 교육　　　④ 인성 교육

2. 어제 받은 제품 가운데 상당수가 불량이어서 물품 (   )에게 바꿔 달라고 요구했다.

   ① 수요자　　　② 구매자　　　③ 공급자　　　④ 경쟁자

3. 날씨가 더워지자 에어컨 등 냉방용 가전제품을 파는 회사들이 (   )을/를 누리고 있다.

   ① 호황　　　② 침체　　　③ 활성화　　　④ 초저가

4. 가: 이번 입시 제도에서 가장 달라진 점은 뭔가요?
   나: 대학에 지원할 때 최대 6회까지만 지원서를 낼 수 있도록 (   ) 건데요. 따라서 지원할 대학을 더 신중하게 정하셔야겠습니다.

   ① 제품이 노출된　　　② 횟수를 제한한
   ③ 광고를 제작한　　　④ 가격이 인상된

5. 가: 이번 사고도 경제 논리가 앞서 안전성에 대한 고려는 (   ) 때문에 일어났다고 볼 수 있습니다.
   나: 맞습니다. 그럼 안전성 강화를 위해 무엇부터 해야 할까요?

   ① 비판을 받았기　　　② 정보를 검색했기
   ③ 환경을 조성했기　　　④ 뒷전으로 밀렸기

[6~10] 다음 밑줄 친 부분과 의미가 비슷한 것을 고르세요.

6. 정부는 환경 보호를 위해 비닐봉지의 사용을 <u>규칙으로 정하여 일정한 정도를 넘지 못하게 막겠다고</u> 발표했다.

   ① 규제하겠다고   ② 유도하겠다고
   ③ 붕괴하겠다고   ④ 의존하겠다고

7. 이번 농사 체험을 통해 학생들은 도시를 떠나 자연 속에서 즐겁게 <u>몸으로 경험하는 것이 중심이 되는 학습</u>을 하고, 부모들은 일상에서 벗어나 좋은 추억을 만들 수 있었으면 좋겠다.

   ① 관찰 학습   ② 원격 학습
   ③ 체험 학습   ④ 맞춤 학습

8. <u>어떤 일을 할 수 있는 지식과 능력을 갖춘 사람으로 길러 내는</u> 교육에서는 학생들이 자유롭게 활동하고 창의적으로 생각할 수 있도록 돕는 것이 무엇보다 중요하다.

   ① 선행 학습   ② 인재 양성
   ③ 개인별 맞춤   ④ 학습자 중심

9. 국가가 무역*에 있어 자유와 제한 중 <u>어느 쪽을 중요하게 여기느냐</u>에 따라 자유 무역주의와 보호 무역주의로 나눌 수 있다.

   ① 어느 쪽에 중점을 두느냐   ② 어느 쪽의 성능을 따지느냐
   ③ 어느 쪽의 기술이 도입되느냐   ④ 어느 쪽이 전문성이 부족하냐

10. 최근에는 연령대가 젊을수록 정치에 무관심한 <u>현상이 많이 나타난다</u>.

    ① 소비를 한다   ② 경향을 보인다
    ③ 유행에 민감하다   ④ 구매를 유도한다

> 무역: 나라와 나라 사이에 서로 물품을 사고파는 일.

[11~13] 다음 (   )에 공통적으로 들어갈 단어를 고르세요.

11.
- 대부분의 직장 여성은 사회 활동과 집안일을 (   ).
- 서로 성격이 다른 두 분야를 (   ) 공부하기는 어렵다.
- 그는 직장 생활과 아르바이트를 (   ) 많은 돈을 벌었다.

① 협업하다　② 병행하다　③ 지원하다　④ 침해하다

12.
- 자연은 어느 특정인이 (   ) 수 있는 것이 아니다.
- 그는 많은 고층 빌딩과 부동산을 (   ) 상당한 재력가*로 알려져 있다.
- 군인*들은 장소를 옮겨 다녀야 하는 일이 많기 때문에 개인이 (   ) 물품을 몸에 많이 지닐 수가 없다.

① 도배하다　② 고려하다　③ 소유하다　④ 홍보하다

13.
- 농업 기술이 발달하면서 농산물 (   )이 크게 늘어났다.
- 중동 지역에서는 막대한 양의 석유 (   )이 이루어지고 있다.
- 현대 사회는 대량 (   )과 대량 소비가 이루어지는 시대이다.

① 생산　② 제작　③ 부족　④ 창출

[14~15] 밑줄 친 부분이 어색한 것을 고르세요.

14. ① 이번 공항 건설은 막대한 비용이 드는 큰 공사이다.
② 각 대학에서는 우수 선수를 스카우트하려는 경쟁이 치열했다.
③ 나는 연구 보조자로서 연구원들이 필요로 하는 정보를 제공해 주고 있다.
④ 우리는 매출이 증가해 힘들어하는 친구를 위해 남은 상품을 다 팔아 줬다.

15. ① 나는 꾸준히 문학잡지를 구독해 왔다.
② 내 친구는 사람들에게 파티 장소를 대여해 주는 일을 한다.
③ 대통령은 당선*의 기쁨을 모든 국민과 공유하고 싶다고 했다.
④ 감독은 선수들의 분위기가 활성화되지 않도록 선수들을 격려했다.

 재력가: 재산이 많은 사람.　　군인: 군대에서 임무를 맡아 하는 사람.　　당선: 선거에서 뽑힘.

문법과 표현
Grammar & Expression

▶ 정리하기

🖉 다음에서 알고 있는 문법과 표현에 ✔ 해 보세요.

9-1과

| 동-느니 동-느니 (하다), 형-으니 형-으니 (하다), 명이니 명이니 (하다) | ☐ 남편은 매일 **야근이니 회식이니 하며** 늦게 집에 온다. |
| 동-는 탓에, 형-은 탓에, 명 탓에 | ☐ 며칠 동안 잠도 안 자고 일을 **한 탓에** 몸살이 나고 말았다. |

9-2과

| 명에 한하여 | ☐ 3만 원 이상 구매한 **손님에 한하여** 두 시간까지 무료 주차가 가능하다. |
| 동-는 감이 있다, 형-은 감이 있다 | ☐ 디자인은 마음에 드는데 한겨울에 입기에는 **얇은 감이 있네요**. |

10-1과

| 동-다시피 하다 | ☐ 요즘 고향에 계신 부모님의 안부가 걱정되어 매일 **통화하다시피 한다**. |
| 동형-을 지경이다 | ☐ 아무도 제 말을 믿어 주지 않아 답답해 **미칠 지경이에요**. |

10-2과

| 동-는 동시에, 형-은 동시에, 명인 동시에 | ☐ 우리는 현재의 삶을 **즐기는 동시에** 미래도 준비해야 한다. |
| 동-는 이상, 형-은 이상, 명인 이상 | ☐ 신청자가 이렇게 **적은 이상** 이번 강연은 취소할 수밖에 없겠는데요. |

▶ 평가하기

[1~2] 다음 (   )에 들어갈 가장 알맞은 것을 고르세요.

1. 부모가 (   ) 자식을 키우는 데 최선을 다해야 한다고 생각해요.

   ① 될 겸   ② 된 이상   ③ 된 나머지   ④ 됨에 한하여

2. 이번 수능 시험 문제가 너무 (　　　　　) 학생들의 점수가 예년에 비해 크게 낮아졌다.

① 어려운 한　　　　　　　　　　② 어려운 탓에
③ 어려우면 몰라도　　　　　　　④ 어려운 것에 못지않게

[3~4] 다음 밑줄 친 부분과 의미가 비슷한 것을 고르세요.

3. 내 친구는 외국어를 <u>배우는 동시에</u> 많은 경험을 쌓기 위해 어학연수*를 떠났다.

① 배우며　　　　　　　　　　　② 배운다면
③ 배우다시피　　　　　　　　　④ 배우는 대신에

4. 아침도 못 먹고 몇 시간째 계속 훈련을 받았더니 배가 고파서 <u>쓰러질 지경이에요</u>.

① 쓰러질 정도예요　　　　　　　② 쓰러진 바 있어요
③ 쓰러질 따름이에요　　　　　　④ 쓰러지기 십상이에요

[5~7] 알맞은 표현을 골라서 대화를 완성하세요.

| 에 한하여 | -디시피 하다 | -은 감이 있다 | -느니 -느니 (하다) |

5. 가: 가수 지니가 주인공으로 나오는 드라마 봤어요? 노래는 잘하는데 연기는 아직 부족한 것 같아요.
　　나: 맞아요. 전문적인 연기 교육을 받지 않아서 그런지 연기력은 좀 _____.

6. 가: 화장품이 100ml가 넘는데 비행기에 가지고 탈 수 있나요?
　　나: 아니요. 화장품의 기내 반입*은 _____ 허용하고 있습니다.

7. 가: 이번 주 내내 집에 안 갔다면서? 많이 바쁜가 봐.
　　나: 요즘 공부할 게 너무 많아서 집에도 못 가고 도서관에서 _____.

어학연수: 다른 나라에 가서 그 나라의 언어와 문화를 배우는 학습 방법.　　**반입**: 물건을 운반하여 들여옴.

듣기 Listening

[1] 다음 뉴스를 듣고 질문에 답하세요.

1. 무엇에 대한 뉴스인지 고르세요.
   ① 진정한 교육에 대한 정의
   ② 생태 체험 학습의 내용과 방법
   ③ 정부에서 학생에게 제공한 혜택
   ④ 폐교* 위기에서 벗어난 시골 학교 사례

[2~3] 다음 대화를 듣고 질문에 답하세요.

2. 한국은행이 1억 원을 기부한 이유로 알맞은 것을 고르세요.
   ① 젊은이들에게 기술을 전하려고
   ② 노인들의 IT 교육을 지원하려고
   ③ 평생 교육의 필요성을 알리려고
   ④ 20년 후의 변화된 세상을 홍보하려고

3. 들은 내용과 일치하는 것을 고르세요.
   ① 남자는 새로운 기술을 활용하는 것이 어렵지 않다.
   ② 여자는 평생 교육은 꼭 해야 하는 것이라고 생각한다.
   ③ 남자와 같은 세대에는 한글을 배우지 못한 사람이 많았다.
   ④ 노인들이 교육받을 수 있는 유용한 프로그램은 충분히 개설되었다.

[4~5] 다음 강연을 듣고 질문에 답하세요.

4. 여자가 이 강연을 한 목적으로 알맞은 것을 고르세요.
   ① 디지털 문명 시대로 변화했음을 강조하기 위해서
   ② 디지털 문명 시대가 무엇을 뜻하는지 설명하기 위해서
   ③ 디지털 문명 시대의 문제점이 무엇인지 지적하기 위해서
   ④ 디지털 문명 시대에 맞는 마케팅* 전략을 제시하기 위해서

5. 들은 내용과 일치하는 것을 고르세요.
   ① 기업은 소비자가 원하는 물건만 배달해야 한다.
   ② 비대면 거래에 적응하지 못하는 사람이 늘고 있다.
   ③ 사람들은 빠르고 편리한 온라인 거래를 선호하게 되었다.
   ④ 기업은 여러 채널을 사용하기보다 기업 소유의 채널을 갖는 것이 좋다.

 폐교: 학교 운영을 그만둠.   **마케팅**: 상품을 소비자에게 알리고 많이 판매하기 위하여 생산자가 펼치는 전반적인 활동.

읽기 Reading

[1~2] 다음 글을 읽고 질문에 답하세요.

교육부에 따르면 앞으로 5~6년 이내에 대학 입학시험 제도가 바뀔 예정이라고 한다. (㉠) 지금까지의 대학 입학 제도에서 가장 큰 문제로 지적된 것은 대학 입학을 결정하는 가장 중요한 시험인 대학 수학 능력 시험(이하 수능) 문제가 모두 여러 개의 답 중 정답을 고르는 객관식*으로 이루어져 있다는 것이다. 이는 많은 전문가로부터 창의력과 사고력이 중시되는 4차 산업 혁명 시대에 맞지 않는 평가 방법이라는 비판을 받았다. (㉡) 다른 나라들도 대부분 우리나라의 수능에 해당하는 대학 입학시험을 실시하고 있다. (㉢) 그 외의 여러 나라에서는 프랑스의 바칼로레아(Baccalauréat), 독일의 아비투어(Abitur)처럼 학생이 자기 생각을 쓰는 주관식 시험을 치른다*. 중국의 시험에도 주관식 문항이 있으며 일본의 경우 2020년부터 대학 입학시험에 주관식 문항을 포함시켰다. (㉣) 미래 인재를 양성하기 위해 우리나라의 수능도 주관식 문항을 포함함으로써 객관식 평가의 한계에서 벗어나 사고력과 창의력을 측정할 수 있는 시험으로 바뀔 필요가 있다.

1. 이 글에서 보기 의 글이 들어가기에 가장 알맞은 곳을 고르세요.

> 보기   하지만 우리나라와 같은 객관식 시험을 치르는 나라는 미국, 스웨덴 등 몇 개국에 불과하다.

① ㉠   ② ㉡   ③ ㉢   ④ ㉣

2. 이 글의 내용과 일치하는 것을 고르세요.
① 해외 여러 나라의 학생들이 우리나라처럼 객관식 시험을 본다.
② 다른 나라에는 우리나라의 수능과 같은 대학 입학시험이 없다.
③ 창의력과 사고력을 평가하기 위해서는 객관식 평가 방법이 적합하다.
④ 대학 수학 능력 시험의 가장 큰 문제점은 문제가 모두 객관식이라는 점이다.

객관식: 주어진 여러 개의 답 중에서 정답을 고르게 하는 문제 형식.   치르다: 무슨 일을 겪어 내다.

[3~5] 다음 글을 읽고 질문에 답하세요.

요즘 다양한 분야에서 구독 경제가 활성화되고 있다. 구독 경제는 정기적으로 돈을 내고 그만큼 원하는 서비스나 제품을 사용하는 경제 활동 방식을 말한다. 예전에도 우리는 집으로 배달되는 신문이나 우유 등을 통해 구독 경제를 경험한 바 있지만, 요즘은 서비스나 제품이 훨씬 더 다양해졌다. 인터넷으로 영화나 드라마, 책을 보는 것뿐만 아니라 식품이나 생필품을 정기적으로 배송받는 것까지 그 규모와 범위가 점점 넓어지고 있는 것이다. 이러한 제품이나 서비스는 지속해서 구독할 경우 할인을 받을 수 있으며 원하면 언제든지 쉽게 구독을 취소할 수 있다는 것이 장점이다. 그러나 보통 자동적으로 결제가 이루어지기 때문에 자기도 모르는 사이에 자주 이용하지 않는 서비스의 비용이 빠져나갈 수 있으므로 주의가 필요하다. 이와 같은 단점이 있지만 구독 서비스는 편리한 삶을 추구하고 합리적인 소비를 원하는 현세대에 알맞은 구조로 되어 있다. 따라서 기업이 <u>소비자가 원하는 서비스가 무엇인지 파악하여 적절한 구독료와 함께 제시한다면</u> 구독 경제는 한국 경제 시장에서 지속해서 성장할 것으로 예상된다. (   ) 공급업체 간의 경쟁이 치열해질 것이므로 기업은 차별화된 제품과 서비스를 제공하고 품질을 개선하기 위해 꾸준히 노력해야 할 것이다.

3. 이 글의 내용과 일치하는 것을 고르세요.
   ① 과거에 사람들은 드라마와 책을 보는 서비스를 구독했다.
   ② 구독 서비스는 취소하기가 쉽지 않다는 단점을 가지고 있다.
   ③ 요즘 다양한 분야에서 구독 경제가 활발하게 이루어지고 있다.
   ④ 구독 서비스를 이용하면 자주 쓰는 서비스만 결제할 수 있어 유용하다.

4. (   )에 들어갈 내용으로 가장 알맞은 것을 고르세요.
   ① 구독 경제 시장의 실패에 의해
   ② 구독 경제 시장이 발전함에 따라
   ③ 구독 경제 시장이 활발해지기보다
   ④ 구독 경제 시장이 약화되기 때문에

5. 밑줄 친 부분에 나타난 글쓴이의 태도로 알맞은 것을 고르세요.
   ① 구독 경제의 미래를 긍정적으로 전망하고 있다.
   ② 구독 경제가 안고 있는 문제점을 지적하고 있다.
   ③ 구독 경제가 소비자에게 미칠 영향을 걱정하고 있다.
   ④ 구독 경제의 과거와 현재를 비교하여 설명하고 있다.

쓰기 Writing

✏️ 다음 주제로 글을 쓰세요. (500자 이상)

다음은 광고를 하는 기업의 주장입니다. 이 주장에 반론을 제시하는 글을 쓰세요.

광고 때문에 필요 없는 물건을 사게 된다고 주장하는 소비자들이 있습니다. 그러나 광고를 보고 물건을 구매하는 것은 소비자의 선택입니다. 즉 광고 때문에 물건을 사게 되는 것이 아니라 소비자가 스스로 그 물건이 필요하다고 판단했기 때문에 구매하는 것입니다. 따라서 구매의 책임도 소비자 자신에게 있습니다.

말하기 과제
Speaking Task

✏️ **미래 학교 공모전에 참가해 봅시다.**

준비하기 조별로 모여 아래와 같은 공모전을 준비해 보세요.

공모 주제	미래 학교의 모습
공모 자격	미래 학교에 관심이 있는 누구나
제출 형식	PDF 파일
접수 방법	홈페이지 업로드
문의 메일	klec@snu.ac.kr

활동하기

1. 조별로 아래의 예시를 보고 여러분이 생각하는 미래 학교의 모습을 그린 뒤 설명을 써 보세요.

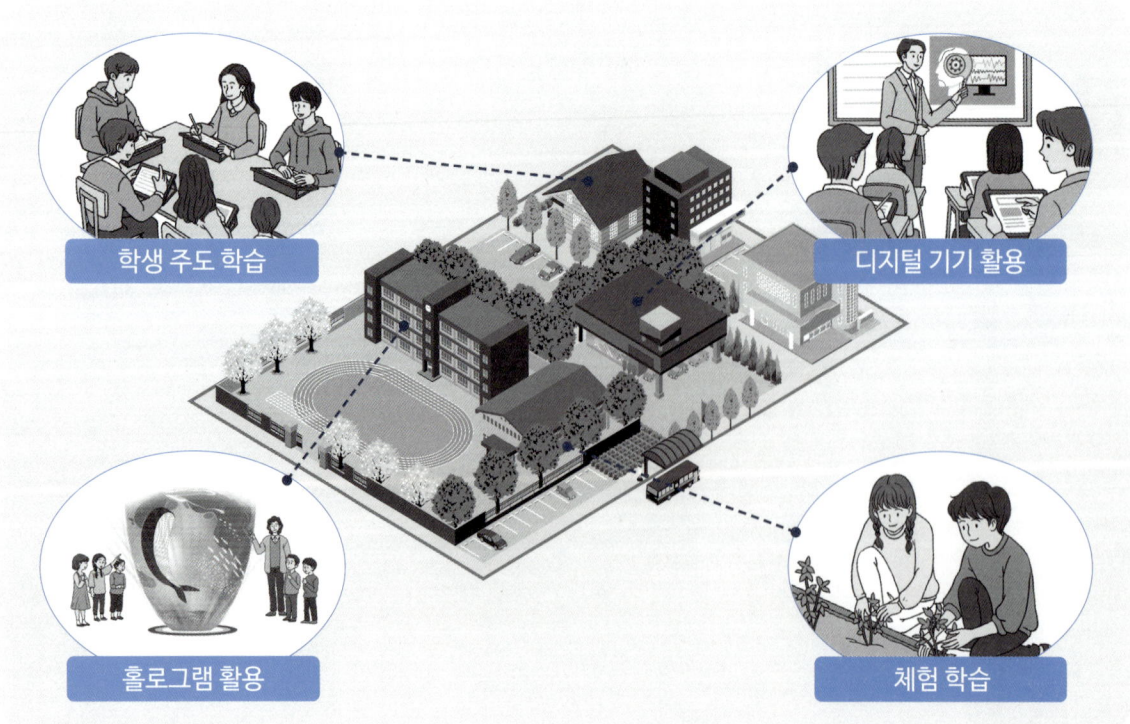

우리가 생각하는 미래 학교의 모습

발표하기 조별로 여러분이 생각하는 미래 학교의 모습에 대해 발표해 보세요.

미래 학교에 대한 저희 조의 의견을 말씀드리겠습니다. 저희가 생각하는 미래 학교의 모습은….

평가하기 각 조에서 발표한 미래 학교 중 여러분은 어느 학교에서 제일 공부하고 싶습니까? 친구들의 공모전 작품을 보고 가장 마음에 드는 미래 학교에 투표해 보세요.

11 변화하는 사회

11-1 저출산과 사회 문제

11-2 변화하는 가족

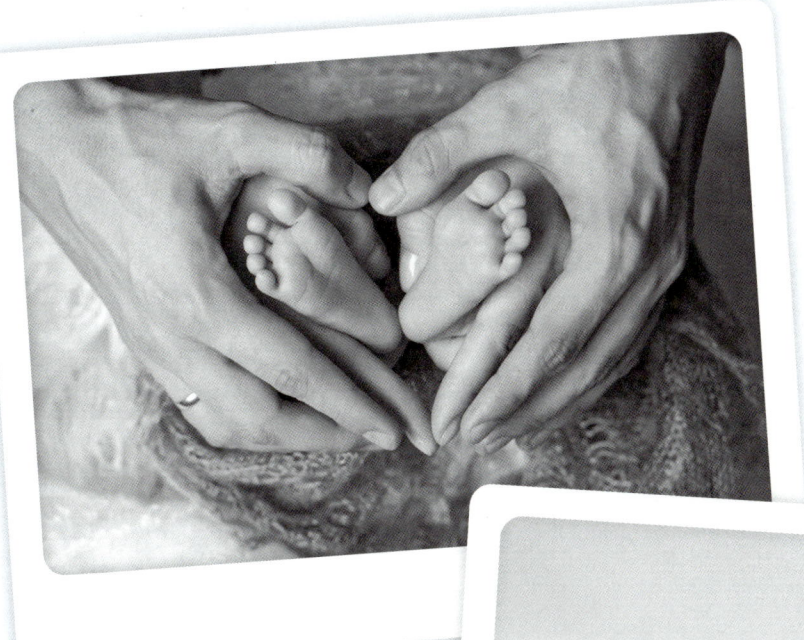

	어휘	출산, 저출산 정책
11-1	문법과 표현	동-기에 앞서(서)
		동형-거나 하다
	어휘	가족, 노인 문제
11-2	문법과 표현	동형-듯(이), 명이듯(이)
		동형-음에 틀림없다, 명임에 틀림없다

어휘 Vocabulary

1. 밑줄 친 부분과 의미가 같은 말을 골라 알맞게 써 보세요.

> 양육   저출산   출산율   유급 휴직   육아 휴직   출산 휴가

1) 직장을 잡고 결혼을 해야 할 청년들이 미래가 불확실한 상황 속에서 결혼을 하지 않거나 미루게 되면서 아이를 적게 낳는 현상이 심화되고 있다.
   → 저출산이

2) 임신 중인 근로자*는 출산 전후 90일 동안 아이를 낳기 위한 휴가를 받도록 법으로 정하고 있다.
   →

3) 부모가 사고로 죽자 아이들 보살피는 일은 할아버지와 할머니의 손에 맡겨졌다.
   →

4) 전문가들은 아이를 낳는 비율이 세계 최저 수준인 현재 상태가 지속된다면 오래가지 않아 우리나라의
   →
   전체 인구가 크게 줄어들게 될 것이라고 우려했다.

5) 그는 정규직 사원이라서 일정 기간 동안 일을 쉬어도 월급을 받는 제도를 이용할 수 있었다.
   →

6) 우리 회사에서는 여성 근로자뿐만 아니라 남성 근로자도 자녀를 키우기 위해 직장을 쉬는 제도를 사용하도록 권장하고 있다.
   →

2. 알맞은 말을 골라 대화를 완성해 보세요.

> 양육비를 지원하다   인구가 감소하다   정책을 시행하다   제도를 마련하다
> 추세가 지속되다   출산을 장려하다   혜택을 제공하다   효과가 미미하다

1) 경기 침체로 인해 외식하는 인구가 감소해서 문을 닫는 음식점이 급격히 늘고 있는 것으로 나타났다.

📝 근로자: 일해서 얻은 소득으로 생활하는 사람.

2) 부산시는 주택을 싼값에 빌려주는 등 청년과 신혼부부에게 주거 관련 _____ 했다.

3) 우리나라의 출산율이 매우 낮다는 우려 속에서 셋째 자녀의 경우 만 18세가 될 때까지 국가나 지방 자치 단체가 _____ 정책이 마련됐다.

4) 정부는 지역 간 균형 발전을 위해 마련된 _____ 있으나 아직도 의료, 교통, 주거 등 여러 면에서 수도권과 지방은 큰 차이가 있다.

5) 정부는 선진국의 교육 제도를 자세히 살펴 우리나라 현실에 맞는 새로운 교육 _____ 계획을 밝혔다.

6) 병을 고치기 위해 좋다는 약은 모두 먹어 보았으나 지금까지 큰 변화가 없는 걸 보니 약의 _____ 것 같다.

7) 올해부터 서울시는 _____ 위해 아이 낳은 것을 축하하는 출산 축하금을 인상하기로 했다.

8) 수출의 증가 _____ 있어 올해 무역에서 200억 달러 이상의 이익을 보게 될 것으로 전망된다.

3. 알맞은 말을 골라 글을 완성해 보세요.

| 출산율 | 육아 휴직 | 수당을 지급하다 |
| 실효성이 있다 | 출산을 장려하다 | 효과가 미미하다 |

요즘은 주변에서 아이를 낳는 사람을 찾아보기 어렵다. 우리나라의 1) 출산율 이 세계에서 가장 낮다는 말이 실감 난다. 정부는 2) _____ 위해 아이를 낳은 가정에 아동 3) _____, 부모가 직장을 쉬면서 아이를 키울 수 있도록 4) _____ 을 신청할 수 있게 제도를 마련했다. 하지만 이러한 제도는 5) _____ 것으로 나타났다. 따라서 정부는 지금까지 시행한 정책을 다시 한번 점검하여 무엇이 문제인지 살펴보고 더 이상 인구가 감소하지 않도록 6) _____ 정책을 시행해야 할 것이다.

문법과 표현 1 동-기에 앞서(서)

1. 관계있는 것끼리 연결하고 대화를 완성해 보세요.

   1) 행사를 진행하다 • • 실현 가능성을 검토해* 보다
   2) 유학을 결정하다 • • 유학을 다녀온 선배를 만나 보다
   3) 이 강의를 신청하다 • • 참석자들이 서로 인사를 나누다
   4) 좋은 배우가 되다 • • '한국어로 논문 쓰기'를 먼저 수강하다
   5) 정책을 제안하다 • • 좋은 사람이 되려고 노력하다

   1) 가: 행사를 시작하기 전에 참석자들이 서로 만날 수 있는 시간이 있나요?
      나: <u>행사를 진행하기에 앞서서 참석자들이 서로 인사를 나눌 수 있도록 시간을 드립니다</u>.

   2) 가: 유학을 가고 싶은데 뭐부터 해야 할지 모르겠어요.
      나: _____.

   3) 가: 저는 왜 이 강의를 신청할 수 없나요?
      나: _____.

   4) 가: 설문 조사에서 한국인이 가장 좋아하는 배우로 꼽히셨는데요. 많은 분께 사랑받는 비결이 있을까요?
      나: _____.

   5) 가: _____?
      나: 물론입니다. 검토 결과, 이 정책은 충분히 실현 가능하다고 생각합니다.

2. 그림을 보고 알맞은 말을 골라 문장을 완성해 보세요.

   | 대상을 시상하다 (circled) | 말하기 대회를 시작하다 | 발표를 마치다 |
   | 판결을 내리다 | 회의를 시작하다 | |

 검토하다: 어떤 사실이나 내용을 분석하여 따지다.

1)  대상을 시상하기에 앞서 이 자리에 참석해 주신 여러분께 감사 인사를 드리고 싶습니다.

2)  _____ 오늘 회의에서 의논할 사항을 말씀드리겠습니다.

3)  _____ 주요 내용을 다시 한번 요약해서 말씀드리겠습니다.

4)  _____ 심사 위원을 소개해 드리겠습니다.

5)  _____ 피고인*께 마지막으로 말씀하실 시간을 드리겠습니다.

3. 위 문법을 사용하여 다음 주제에 대해 이야기해 보세요.

| 올림픽에서 경기를 시작하기 전 | 결혼식에서 반지를 교환하기 전 | 다른 나라로 여행 가기 전 | ? |

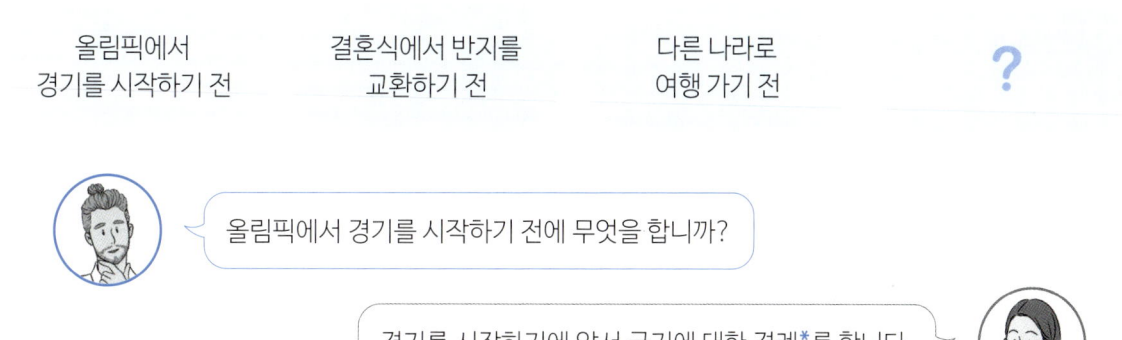

올림픽에서 경기를 시작하기 전에 무엇을 합니까?

경기를 시작하기에 앞서 국기에 대한 경례*를 합니다.

피고인: 죄를 지었을 가능성이 있어 재판받는 사람.   경례: 존경과 예의를 나타내기 위해 하는 인사.

문법과 표현 ❷ 동형 -거나 하다

1. 관계있는 것끼리 연결하고 문장을 완성해 보세요.

1) 편의점에서 도시락을 사 먹다 • — • 정보를 얻다
2) 인터넷에서 검색하다 • — • 끼니를 해결하다
3) 드라마에 협찬*을 하다 • • 단 음식이 당기다
4) 요리 프로그램을 보다 • • 제품을 간접적으로 홍보하다
5) 피곤하다 • • 요리를 하게 되다

1) 밥 먹을 시간도 없이 바쁜 사람들은 <u>편의점에서 도시락을 사 먹거나 해서 끼니를 해결한다</u>.

2) 잘 모르는 것에 대해 알고 싶을 때는 _____.

3) 기업은 _____.

4) 평소에는 잘하지 않다가도 _____.

5) 스트레스를 받거나 _____.

2. 다음과 같이 대화를 완성해 보세요.

1) 가: 역사 공부를 재미있게 하는 방법은 없을까요?
   나: <u>흥미로운 역사 다큐멘터리를 보거나 직접 유적지에 가거나 하면</u> 역사를 더 재미있게 공부할 수 있는 것 같아요.

 협찬: 어떤 일에 돈이나 물건을 대 도움을 줌.

2) 가: 머리가 많이 아파요? 진통제가 있는데 드릴까요?

    나: 아니에요. 원래 _____ 머리가 아파요.
    일단 좀 두고 볼게요.

3) 가: 가족과 떨어져 지내니 가족 생각이 많이 나지요?

    나: 네. _____ 가족이 더 보고 싶어요.

4) 가: 다음 주가 발표인데 어디에 가면 쓸 만한 자료를 구할 수 있을까요?

    나: _____ 자료를 찾아보세요.

5) 가: 환절기*라서 그런지 요즘 몸이 자주 아파요.

    나: 면역력이 약해져서 그래요. _____ 면역력을
    키워 보세요.

3. 위 문법을 사용하여 다음 주제에 대해 이야기해 보세요.

기분 전환을 하고 싶을 때 하는 일   여가 시간을 즐겁게 보내는 방법   피곤하거나 무리하면 나타나는 증상   ?

저는 기분이 안 좋을 때 밝은 음악을 듣거나 하면 좀 괜찮아지더라고요.

저는 옷을 사거나 머리를 하거나 하면 기분이 좋아져요.

환절기: 계절이 바뀌는 시기.

어휘 Vocabulary

1. 밑줄 친 부분과 의미가 같은 말을 골라 알맞게 써 보세요.

> 가장   연금   (유대감)   친척   가족 구성원   혈연 의식

1) 우리 동아리 사람들은 서로 친하기도 하지만 같은 취미를 가지고 있기 때문에 <u>서로 가까이 연결되어 있다는 느낌</u>이 강하다.
   ➡ 유대감이

2) 설, 추석과 같은 명절이 되면 <u>할아버지, 할머니를 비롯해 이모, 삼촌, 고모 등</u>과 만나 즐거운 시간을 보낸다.
   ➡

3) 부모님이 돌아가셔서 이제 우리 형이 <u>우리 집을 이끌어 가는 사람</u>이 됐다.
   ➡

4) 공무원으로 일하셨던 아버지는 <u>퇴직 후 국가에서 해마다 주는 돈</u>을 받아 생활하신다.
   ➡

5) 우리 <u>가족을 이루는 사람들</u>은 아버지, 어머니, 오빠, 언니, 나 이렇게 다섯 명이다.
   ➡

6) 우리나라 사람들은 <u>같은 핏줄*로 연결되어 있다는 생각</u>이 강한 민족인 것 같다.
   ➡

2. 관계있는 것끼리 연결하고 대화를 완성해 보세요.

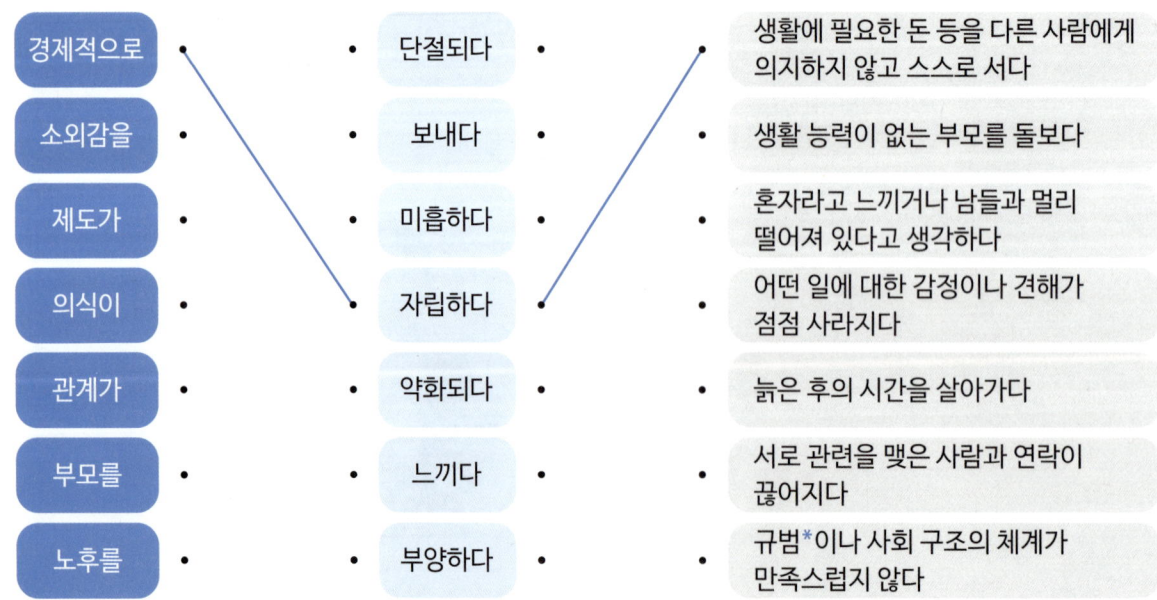

핏줄: 같은 조상을 둔 관계.   규범: 인간으로서 지켜야 할 원리나 행동 양식.

1) 가: 다음 달이면 대학교 졸업이네요.
   나: 네. 빨리 취직해서 부모님께 용돈 받는 생활에서 벗어나 <u>경제적으로 자립하고</u> 싶어요.

2) 가: 고등학교 동창들이 지금은 다 결혼했는데 저만 미혼*이라서 _____.
   나: 결혼하면 관심사가 달라지니까 친구들 대화에 끼기 어려워서 그럴 수 있어요.

3) 가: 바뀐 입시 _____ 정부에서 이를 보완하기 위해 전문가 의견을 모으고 있대요.
   나: 매번 제도를 바꿔도 계속 만족스럽지 못한 이유는 뭘까요?

4) 가: 요즘은 딸을 낳고 싶어 하는 사람이 점점 늘어나고 있대요.
   나: 딸은 결혼하면 다른 집 식구가 된다는 생각이 바뀌면서 점점 아들을 낳아야 한다는 _____ 있는 것 같아요.

5) 가: 아버지는 10년 전 할아버지 유산* 문제로 크게 싸우신 뒤 형제분들과 _____ 상태로 쭉 지내오셨어요.
   나: 저런, 명절 때마다 특히 더 외롭고 힘드셨겠네요.

6) 가: 예전에는 자식이 생활 능력이 없는 부모를 돌보는 것은 당연하다고 생각했지만 요즘은 _____ 일을 자식에게만 맡길 수는 없다는 생각에 찬성하는 사람이 많아요.
   나: 맞아요. 저도 전부는 아니라도 어느 정도는 정부에서 지원해 줘야 한다고 생각해요.

7) 가: 고향으로 내려가 _____ 것에 대해 어떻게 생각하세요?
   나: 요즘은 고향에 내려가 남은 인생을 즐기고 싶어 하는 사람이 많다는데, 나는 도시가 좋아요. 시골에 가면 병원에 다니기도 힘들고 자식들도 자주 볼 수 없어서 지내기가 더 힘들 것 같아요.

3. 알맞은 말을 골라 글을 완성해 보세요.

> (고령화)   노화   독거노인   부양   소외감

우리 사회가 65세 이상 노인의 인구 비율이 높아지는 1) <u>고령화</u> 사회로 진입함에 따라 노인 복지가 큰 사회 문제로 떠오르고 있다. 가족과 함께 살지 않는 2) _____의 수가 점점 많아지는 추세인데 경제적인 3) _____도 필요하지만 특히 혼자 지내는 노인들이 4) _____을/를 느끼지 않도록 세심한 배려가 필요하다. 노인들에게는 5) _____(으)로 인한 질병도 큰 문제이다. 노인에게 제공되는 의료 보험 혜택의 폭*을 넓혀야 한다는 목소리가 높아지고 있는 이유이다.

미혼: 결혼하지 않은 사람.   유산: 죽은 사람이 남겨 놓은 재산.   폭: 어떤 일의 범위.

문법과 표현 3 — 동형-듯(이), 명이듯(이)

1. 관계있는 것끼리 연결하고 대화를 완성해 보세요.

   1) 비 오다 — 땀을 흘리다
   2) 엄마한테 따지다 — 치매는 완치*가 어려운 병이다
   3) 알고 계시다 — 이번 일은 하기 어렵다
   4) 여러 번 말씀드렸다 — 말하다
   5) '고생 끝에 낙*이 온다'는 말이 있다 — 힘들더라도 견디면 좋은 일이 있다

   1) 가: 와, 진짜 덥다.
      나: <u>비 오듯이 땀을 흘리네</u>. 에어컨 켤까?

   2) 가: 엄마도 야채 잘 안 드시면서 왜 저한테만 골고루 먹으라고 하세요?
      나: _____ 말고 좀 부드럽게 이야기하면 안 될까?

   3) 가: 선생님, 저희 아버지께서 나으실 수 있을까요?
      나: 최선을 다하겠지만 _____.

   4) 가: 이 일을 꼭 맡아서 해 주셨으면 합니다.
      나: _____.

   5) 가: 학교 공부에 아르바이트에 진짜 할 일이 끝이 없어.
      나: _____.

 완치: 병을 완전히 낫게 함.   낙: 살아가는 데서 느끼는 즐거움이나 재미.

2. 알맞은 말을 골라 대화를 완성해 보세요.

> 눈 녹듯 사라지다   물 쓰듯 쓰다   밥 먹듯 하다   불 보듯 뻔하다   제집 드나들듯 하다

1) 가: 민수가 우리 집에 너무 자주 와서 고민이야. 이틀에 한 번씩 말도 없이 찾아와서 너무 부담스러워.
   나: 정말 <u>제집 드나들듯 하는구나</u>. 부담스럽겠다.

2) 가: 아직 월급을 받으려면 멀었는데 벌써 생활비가 얼마 안 남아서 걱정이야.
   나: 이번 달에 돈을 _____ 내가 그럴 줄 알았어.

3) 가: 이번 국회 의원 선거에 나온 사람들이 하는 말은 믿음이 안 가더라.
   나: 그러게 말이야. 국민들에게 지키지 못할 말을 _____ 우리가 잘 판단해서 선택해야지, 뭐.

4) 가: 어때요? 여행 오길 잘했지요? 책상 앞에 앉아 있다고 답답한 마음이 풀리지는 않아요.
   나: 네! 탁 트인 곳에 오니 마음속 답답함이 모두 _____.

5) 가: 허위 과장 광고를 한 그 회사의 제품을 사지 말자는 운동이 진행 중이래요.
   나: 사람들이 불매 운동*을 한다니 그 회사가 큰 손해를 입을 게 _____.

3. 다음 표현을 사용하여 이야기해 보세요.

| 밥 먹듯이 하다 | 눈 녹듯이 사라지다 | 물 쓰듯이 하다 |
| 불 보듯이 뻔하다 | 제집 드나들듯이 하다 | 땀을 비 오듯이 흘리다 |

저는 아침잠이 많아서 지각을 밥 먹듯이 하는데요. 앞으로는 좀 더 일찍 일어나야겠어요.

친구에게 섭섭한 마음이 있었는데 친구가 미안하다고 한 순간 섭섭한 마음이 눈 녹듯이 사라졌어요.

불매 운동: 특정 상품을 사지 않는 일.

문법과 표현 4 　동형-음에 틀림없다, 명임에 틀림없다

1. 관계있는 것끼리 연결하고 문장을 완성해 보세요.

   1) 만나는 사람들마다 이야기하다 — 무척 재미있다
   2) 목소리가 떨리고 사람들을 쳐다보지도 못하다 — 그에게 무슨 일이 생겼다
   3) 지하철역으로 나오다 — 지하철역에 휴대폰을 두고 왔다
   4) 아무리 전화해도 받지 않다 — 극도*로 긴장하고 있다
   5) 우연히 다시 만나 결혼하다 — 두 사람의 만남은 운명이다

   1) 새로 시작한 드라마에 대해 <u>만나는 사람들마다 이야기하는 것을 보니 무척 재미있음에 틀림없다</u>.

   2) 무대 위에서 _____.

   3) 잃어버린 휴대폰 위치가 _____.

   4) 며칠 전부터 _____.

   5) 유치원 때 짝을 _____.

 극도: 더할 수 없는 정도.

2. 다음과 같이 문장을 완성해 보세요.

1) 매일 장난을 치던 친구가 오늘은 진지한 태도로 이야기하는 걸 보니까 <u>지금 하는 이야기는 진심인 게 틀림없다</u>.

2) 며칠 전에 만든 콩나물 반찬이 냄새도 이상하고 맛도 시큼한* 걸 보니 _____.

3) 며칠 전에 동생과 심하게 다퉜다. 동생이 절대 사과하지 않을 거라고 하더니 내가 가는 곳마다 따라와 눈치를 보는 것으로 봐서 _____.

4) 남자 친구가 내 눈을 제대로 쳐다보지도 못하고 앞뒤가 안 맞는 말을 하는 것을 보니까 _____.

5) 우리 아들은 돌도 안 됐는데 사람들 말을 다 알아듣는 걸 보니 _____.

3. 위 문법을 사용하여 이야기해 보세요.

- 상대방이 거짓말하는 걸 알아차린 경험이 있어요? 왜 거짓말이라고 생각했어요?
- 우리 반 1등이 누구일까요? 왜 그렇게 생각해요?
- 유명인에 대한 소문을 믿어요? 왜 그렇게 생각해요?

상대방이 거짓말하는 걸 알아차린 경험이 있어요? 왜 거짓말이라고 생각했어요?

언젠가 동생이 제 과자를 먹은 적이 없다고 했는데 입에 과자 부스러기*가 묻어 있었어요. 그때 동생이 저 몰래 과자를 먹었음에 틀림없다고 생각했어요.

친구가 약속 장소에 안 와서 전화를 했는데 다 와 간다고 했어요. 하지만 주위가 조용한 걸 보니 아직 집에서 출발도 하지 않은 게 틀림없었어요.

시큼하다: 맛이나 냄새가 조금 시다.　　**부스러기**: 큰 덩어리에서 떨어져 나온 작은 조각이나 가루.

12

대중 매체

12-1 뉴 미디어

12-2 신문과 뉴스

	어휘	뉴 미디어, 인터넷 방송의 장단점
12-1	문법과 표현	동-는다든가, 형-다든가, 명이라든가 동-으려고 들다
12-2	어휘	언론의 위기, 언론의 역할
	문법과 표현	동형-다 못해 명에 달하다, 명에 그치다

어휘 Vocabulary

1. 관계있는 것끼리 연결하고 문장을 완성해 보세요.

실시간으로	침해하다	시간과 공간을 뛰어넘다
시공간을	보유하다	나이에 따른 생각의 차이를 이겨 내다
세대 차이를	소통하다	많은 종류의 콘텐츠를 가지다
채널을	개설하다	방송을 하기 위한 채널을 새로 마련하다
사람들과	초월하다	바로바로 서로의 의견을 나누다
다양한 콘텐츠를	마련되다	창작물*에 대한 권리에 해를 끼치다
저작권을	극복하다	사람들과 서로 생각이나 활동 등을 주고받다
관련 규정이	교류하다	관련된 규칙이 갖춰지다

1) LEI 방송에서는 시청자와 <u>실시간으로 소통할 수 있는</u> TV 채팅 서비스를 실시하겠다고 밝혔다.

2) 시간 여행이나 공간 이동은 언제나 재미있는 영화 소재가 된다. _____ 것은 인간이 오랫동안 꿈꿔 온 일이기 때문이다.

3) 요즘 기업에서는 더 나은 기업 환경과 분위기를 조성하고자 상사와 부하* 직원의 _____ 위한 여러 행사를 마련하고 있다.

4) 인기 코미디언 지성이 동영상 사이트에 _____ 일주일 만에 100만여 명의 사람들이 영상을 조회해 화제를 모으고 있다.

5) 사람은 사회적 동물이기 때문에 다른 _____ 않으면 행복한 삶을 살기 어렵다.

> **창작물**: 새롭게 만들어 낸 예술 작품. **부하**: 어떤 사람보다 더 낮은 자리에 있는 사람.

6) 소비자들은 인터넷을 통해 각종 영상을 제공하는 오티티(OTT) 서비스 업체를 선택할 때 영화, 드라마, 예능 등 _____ 업체를 가장 선호하는 것으로 나타났다.

7) 창작물을 사용하거나 그 사용을 허락할 권리는 그것을 만든 사람에게 있으므로 다른 사람의 창작물을 함부로 사용하는 것은 _____ 행위이다.

8) 길을 가던 사람이 입마개나 목줄을 하지 않은 개에게 물리는 사고가 자주 일어나고 있으나 _____ 않아 적절한 피해 보상이 이루어지지 않고 있다.

2. 알맞은 말을 골라 대화를 완성해 보세요.

> 부적합하다   부정확하다   (선정적이다)   유해하다   자극적이다   폭력적이다

1) 가: 인터넷 광고에 나오는 모델들이 노출이 너무 심한 옷을 입는 것 같아요.
   나: 인터넷은 아이들도 볼 수 있는데 지나치게 **선정적인** 광고를 허용하는 건 문제가 있다고 봐요.

2) 가: 요즘 자주 외식을 하고 배달 음식을 시켜 먹었더니 속이 안 좋아요.
   나: 민수 씨만 그런 건 아니에요. 뉴스를 보니 외식으로 인해 맵거나 짠 _____ 음식의 섭취가 늘면서 위장 질환을 가진 환자가 많아졌대요.

3) 가: 요즘은 아이들이 보는 영화도 싸우는 장면이 지나치게 _____.
   나: 맞아요. 자라나는 아이들에게 좋지 않은 영향을 줄까 봐 걱정돼요.

4) 가: 어? 지난달까지는 괜찮았는데 여기 물을 이제 더 이상 마실 수 없다고 쓰여 있네요.
   나: 네. 최근 조사에서 식수로 _____ 결과를 받았다고 해요.

5) 가: 이사를 하면서 가구를 좀 사려고 하는데요. 괜찮은 가구를 살 만한 곳이 없을까요?
   나: 기사에서 봤는데 요즘 친환경 가구가 인기 있대요. 환경 호르몬* 같은 _____ 물질이 기존 가구에 비해 훨씬 적게 들어 있다고 하던데 그런 가구를 한번 알아보면 어때요?

6) 가: 인터넷 영상을 보고 운동을 따라 했는데요. 허리 통증이 오히려 더 심해졌어요.
   나: 요즘 인터넷에는 _____ 정보를 사실처럼 이야기하는 사람이 많아서 함부로 따라 하면 안 돼요.

환경 호르몬: 인체에 이상을 가져올 가능성이 있는 물질.

문법과 표현 1 : 동-는다든가, 형-다든가, 명이라든가

1. 관계있는 것끼리 연결하고 대화를 완성해 보세요.

   1) 산으로 떠나다, 바다로 가다 — 목돈*을 모아 보다
   2) 소리를 내서 읽다, 여러 번 쓰다 — 기분 전환이 되다
   3) 맛이 이상하다, 뭐가 부족하다 — 역사 속 인물들의 삶을 통해 교훈을 얻다
   4) 저축*을 하다, 투자를 하다 — 효과가 있다
   5) 세종 대왕, 이순신 — 솔직하게 말해 주다

   (1과 2번째 항목이 선으로 연결되어 있음: 산으로 떠나다, 바다로 가다 — 기분 전환이 되다)

   1) 가: 요즘 왜 이렇게 무기력하고 우울한지 모르겠어요.
      나: 그럼 잠깐이라도 서울을 벗어나 보는 건 어때요? <u>산으로 떠난다든가 바다로 간다든가 하면 기분 전환이 될 거예요</u>.

   2) 가: 내일이 시험인데 단어가 너무 안 외워져요.
      나: 단어를 암기할 때 _____.

   3) 가: 이 음식으로 요리 대회에 나가는 거예요?
      나: 네. 그러니까 드셔 보시고 _____.

   4) 가: 그동안은 월급 받으면 쓰기 바빴는데 30대가 되니 이렇게 살면 안 되겠다는 생각이 들어요.
      나: 이제 미래 준비를 해야 할 나이죠. _____.

   5) 가: 초등학생 아이에게 무슨 책을 사 주면 좋을까요?
      나: 위인전은 어때요? 위인전을 읽으면 _____.

 목돈: 비교적 많은 돈. **저축**: 돈을 아껴 써서 모아 둠.

2. 다음과 같이 대화를 완성해 보세요.

1) 가: 집들이하는 친구에게 선물을 하고 싶은데 어떤 선물이 좋을까요?
   나: <u>꽃이라든가 그림</u> 같은 집을 꾸밀 수 있는 선물을 하는 게 어때요?

2) 가: 요즘 조금만 무리해도 쉽게 피곤해지고 몸이 자주 아파요.
   나: _____ 같은 몸에 좋은 음식을 먹고 면역력을 길러 보세요.

3) 가: 여가 시간에 주로 뭘 하면서 보내요?
   나: _____ 같은 걸 하면서 시간을 보내는 편이에요.

4) 가: 혼자 캠핑하니까 할 것도 없고 심심하네요.
   나: 심심하면 _____ 같은 걸 해 보세요.

5) 가: 우리 주변의 도움이 필요한 사람들을 돕고 싶은데 어떻게 도와야 할지 모르겠어요.
   나: _____ 같은 걸 해서 도와줄 수 있어요.

3. 위 문법을 사용하여 이야기해 보세요.

- 물건을 고를 때 어떤 걸 보고 사는 편이에요?
- 한국의 전통문화와 관련된 체험을 해 보고 싶은데 뭘 하면 좋을까요?
- 가장 많이 이용하는 애플리케이션은 뭐예요?

물건을 고를 때 어떤 걸 보고 사는 편이에요?

신발을 살 때는 색상이라든가 무늬 같은 디자인을 많이 보는 편이에요.

옷을 고를 때는 움직이기에 편하다든가 쉽게 세탁할 수 있다든가 하는 실용적*인 면을 살펴보는 편이에요.

실용적: 실제로 쓰기에 알맞은 (것).

문법과 표현 ❷ 동-으려고 들다

1. 관계있는 것끼리 연결하고 문장을 완성해 보세요.

1) 무리하게 일을 하다 — 실수하기 마련이다
2) 감정적으로 상대방을 이기다 — 성공적인 토론을 할 수 없다
3) 잔소리를 하다 — 끝이 없다
4) 채소는 안 먹다 — 영양 상태가 걱정되다
5) 사료*를 다 먹고도 계속 다른 걸 먹다 — 비만이 될까 봐 걱정이다

1) 욕심내어 <u>무리하게 일을 하려고 들면 실수하기 마련이다</u>. 욕심을 내서 일을 하기보다는 자기가 할 수 있는 만큼 적당히 해야 한다.

2) 토론할 때 _____.
감정적으로 이야기하기보다는 논리적으로 의견을 제시해야 한다.

3) 아이의 행동은 부모의 눈에 차지* 않기 때문에 _____.

4) 동생이 고기만 먹고 _____.

5) 우리 집 강아지는 먹는 것을 너무 좋아한다. _____.

사료: 기르는 동물에게 주는 먹이.   눈에 차다: 모자람이 없을 정도로 마음에 들다.

2. 다음과 같이 대화를 완성해 보세요.

1) 가: 싱크대 물이 잘 안 내려가서 집주인한테 말했는데 며칠이 지나도 안 고쳐 줘요.
   나: 고치려고만 들면 금방 고칠 텐데 너무하네요.

2) 가: 이걸 다 혼자서 준비했어요? 와, 정말 놀랍네요! 요리를 못하는 줄 알았거든요.
   나: 제가 안 해서 그렇지 _____.

3) 가: 수미랑 화해했어?
   나: 아니. 나는 화해하고 싶은데 나를 보면 _____.

4) 가: 책 좀 읽겠다고 방에 들어가더니 왜 자고 있어요?
   나: 모르겠어요. 요즘 책을 _____.

5) 가: 할머니와의 추억을 이야기하니까 눈물이 나나 봐요.
   나: 네. 항상 할머니 이야기를 _____.

3. 위 문법을 사용하여 주변 사람들이 지나칠 정도로 적극적으로 하는 일에 대해 이야기해 보세요.

제 친한 친구는 예쁜 신발만 보면 사려고 들어요. 신발이 50켤레나 있는데도 예쁜 신발이 보이면 꼭 사요.

제 동생이 공부는 하지 않고 잠만 자려고 들어서 걱정이에요. 주말이나 쉬는 날에는 하루 종일 자기만 해요.

어휘 Vocabulary

1. 관계있는 것끼리 연결하고 문장을 완성해 보세요.

구독률이	잃다	기사를 쓰기 위해 깊이 있게 조사하다
심층적인	하락하다	언론인으로서 지켜야 할 규범을 따르다
언론 윤리를	높다	믿음을 잃어버리다
시청률이	취재를 하다	텔레비전 프로그램을 보는 비율이 줄어들다
신뢰를	떨어지다	한쪽으로 치우치다*
편향성을	지키다	신문이나 잡지를 구독하는 비율이 줄어들다
조회 수가	갖다	인터넷에 올린 글이나 영상을 확인한 횟수가 많다

1) 종이 신문을 보는 사람이 줄어들면서 신문 <u>구독률이 하락하고</u> 있다.

2) 전통 언론의 뉴스는 _____ 작성한 기사가 많아 뉴 미디어의 뉴스와 차별화된다.

3) 기자는 _____ 한다. 여기에는 취재를 위해 만난 사람의 비밀을 지켜 주어야 한다는 내용도 포함되어 있다.

4) 웹 드라마를 보는 사람이 늘어나면서 방송사 드라마의 _____ 되었다.

5) 그 배우는 방송에서 거짓말을 한 것이 드러난 이후 완전히 대중의 _____.

6) 방송에서 정치적인 발언을 한 진행자가 _____ 방송을 했다는 비판을 받고 있다.

7) 전 세계에서 가장 _____ 인터넷 영상 중 하나로 어린이 동요 '아기 상어' 영상이 꼽힌다.

> 치우치다: 한쪽으로 기울어지다.

2. 빈칸에 공통적으로 들어갈 말을 골라 알맞게 써 보세요.

> 공정하다   선호하다   왜곡되다   (파악하다)

1) 그는 눈치가 없어서 분위기를 <u>파악하지</u> 못하고 농담을 해 댔다.
   겉으로 드러난 문제 상황을 인식하는 것은 비교적 쉬운 일이지만 그 문제의 본질을 <u>파악하는</u> 것은 쉽지 않다.

2) 판사*는 법에 따라 _____ 판결을 하기 위해 노력해야 한다.
   기자는 뉴스를 전할 때 어느 한쪽에 치우치지 않고 _____ 보도할 의무가 있다.

3) 요즘 사람들은 텔레비전보다는 휴대폰으로 뉴스를 보는 것을 _____.
   조사 결과, 많은 직장인이 재택근무를 _____ 것으로 나타났다.

4) 그는 언론의 _____ 보도로 인해 큰 피해를 입었다.
   이 다큐멘터리는 _____ 알려진 역사를 바로잡기 위해 제작되었다.

3. 알맞은 말을 골라 글을 완성해 보세요.

> 감시하다   (보장하다)   왜곡하다   추구하다   취재하다

LH 백과   🔍 **언론 윤리**

언론이 사회적 책임을 다하기 위해서 정한 언론 윤리의 규범은 다음과 같은 내용을 담고 있다. 첫째, 언론은 국민의 알 권리를 1) <u>보장하기</u> 위해 노력한다. 둘째, 진실만을 2) _____ 균형 잡힌 시각으로 다양한 관점을 제시하기 위해 노력한다. 셋째, 언론은 정치, 경제, 사회의 모든 권력을 3) _____ 역할을 한다. 넷째, 기자는 4) _____ 과정에서 정당한 방법으로 정보를 얻으며, 정보를 5) _____ 않는다. 다섯째, 취재 활동으로 얻은 정보는 보도하는 목적으로만 사용한다.

*판사: 법원에서 여러 사건이나 일에 대해 판결을 내리는 사람.

문법과 표현 3 동형 -다 못해

1. 관계있는 것끼리 연결하고 문장을 완성해 보세요.

1) 밤늦은 시간까지 시끄럽게 떠들어 대는 소리를 듣다 • • 사람을 무기력하게 만들다

2) 씻지도 않고 노는 아이를 보다 • • 남길 수밖에 없다

3) 음식을 먹다 • • 빨리 씻으라고 야단을 치다

4) 성격이 신중하다 • • 옆 텐트에 찾아가서 화를 내고 말다

5) 매일 반복되는 일상은 지루하다 • • 작은 결정도 하기 어려워해서 결단력이 없다는 소리를 자주 듣다

1) 캠핑장에서 밤늦은 시간까지 시끄럽게 떠들어 대는 소리를 듣다못해 옆 텐트에 찾아가서 화를 내고 말았다 .

2) 학교에서 돌아오자마자 _____.

3) 양이 너무 많아서 _____.

4) 그는 _____.

5) 회사와 집을 오가며 _____.

2. 알맞은 말을 골라 대화를 완성해 보세요.

> 따뜻하다   배고프다   보다   생각하다   (참다)

1) 가: 새로 나오는 컴퓨터를 사겠다고 예약까지 하더니 왜 다른 걸 샀어?
   나: 기다렸다가 최신형 컴퓨터를 사고 싶었는데 쓰던 컴퓨터가 너무 느려서 <u>참다못해 샀어</u>.

2) 가: 우리 아이는 학교 공부로는 만족하지 못해서 학원에 보내려고요. 민서는 어때요?
   나: 저도 사교육을 시키고 싶지 않았는데 아이가 원하니 다른 방법이 없더라고요. 그래서 _____.

3) 가: 어제 회사 앞에서 한 커플이 소리를 지르며 싸우던데요.
   나: 저도 봤어요. 길을 가던 사람들이 _____.

4) 가: 날씨가 너무 추운데 학교 교실은 따뜻하니?
   나: 네. _____ 걱정하지 마세요.

5) 가: 벌써 점심을 먹고도 남았을 시간인데 왜 이렇게 줄이 길어? 우리 언제까지 기다려야 돼? 아침부터 아무것도 못 먹었더니 _____.
   나: 이제 우리 차례가 거의 다 됐어. 곧 먹을 수 있을 거야.

3. 위 문법과 다음 표현을 함께 사용하여 이야기해 보세요.

> 생각하다   춥다   듣다   보다   참다   아프다

저는 한국에서 자전거를 한 대 사려고 했는데 값이 너무 비싸더라고요. 그래서 생각다 못해 타고 싶을 때마다 구청에서 빌려주는 자전거를 이용하기로 했어요.

제 고향은 1년 내내 따뜻한 기후예요. 그래서 한국에서 처음으로 겨울을 보낼 때 춥다 못해 죽을 것 같다는 생각이 들었어요.

문법과 표현 4 — 몡에 달하다, 몡에 그치다

1. 그래프를 보고 문장을 완성해 보세요.

1)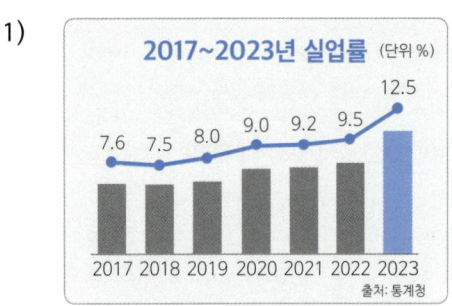

몇 년째 지속되고 있는 경기 침체로 인해 실업률이 증가하면서 올해 실업률은 <u>12.5%에 달하게</u> 되었다.

2)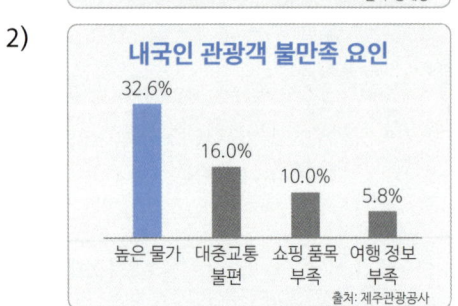

제주도를 여행하는 내국인* 관광객을 대상으로 조사한 내용을 보면 내국인 관광객의 불만족 요인으로 높은 물가라는 응답이 _____ 1위를 차지했다.

3)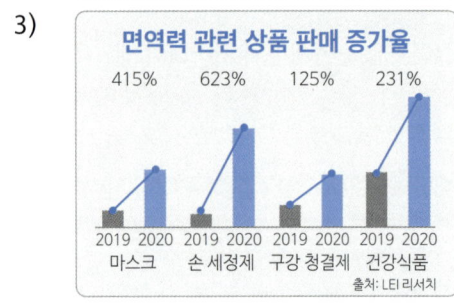

전염병이 유행하면서 마스크, 손 세정제*, 구강 청결제*, 건강식품 등 면역력과 관련된 제품의 판매가 증가했다. 그중에서 손 세정제의 판매 증가율은 _____ 반면 구강 청결제의 판매 증가율은 _____.

4)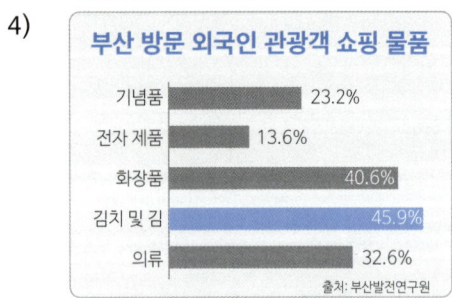

부산을 방문하는 외국인 관광객이 어떤 물품을 구매하는지 묻는 조사에서 김치 및 김이라는 응답이 _____ 1위를 차지했다. 반면에 전자 제품이라는 응답은 _____.

5)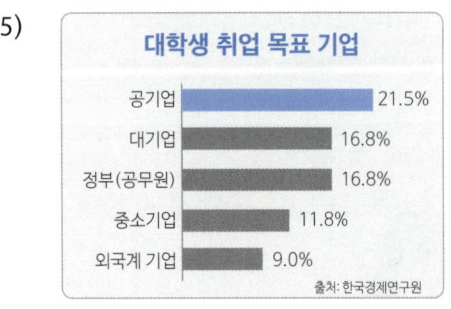

대학생들은 취업하고 싶은 곳으로 공기업을 선호하는 것으로 나타났다. 공기업에 취업을 희망한다는 응답은 _____ 데 반해 외국계 기업이라는 응답은 _____.

 내국인: 자기 나라 사람.   **손 세정제**: 손을 닦는 데 쓰는 물질.   **구강 청결제**: 입안을 헹궈 깨끗한 상태로 만드는 약.

2. 알맞은 말을 골라 문장을 완성해 보세요.

> 극   소문   절정*   준우승*   세 배

1) 새로 지은 아파트에서 지상* 차량 통행을 허용할 것인지에 대한 회의가 열렸다. 통행에 찬성하는 주민과 반대하는 주민의 입장이 좁혀지지 않아 두 집단의 갈등이 _극에 달했다_.

2) 선수들은 최선을 다해 뛰며 명승부를 펼쳤지만 1점 차로 패해 아쉽게도 _____ 말았다.

3) 돈을 벌기 시작하면서 씀씀이가 커졌다. 필요한 데에만 썼는데도 이번 달 지출이 지난달의 _____ 정말 큰일이다.

4) 배우 송수지가 연예계에서 은퇴한다는 소문이 있었다. 하지만 새로운 드라마에 출연한다는 기사가 바로 나오면서 그녀의 은퇴는 _____ 되었다.

5) 전국적으로 강력한 한파가 찾아왔다. 이번 주 내내 기온이 영하권에 머물면서 추위가 _____ 것으로 예상된다.

3. 위 문법을 사용하여 여러분 나라의 상황에 대해 이야기해 보세요.

절정: 사물의 진행이나 발전이 최고에 이른 상태.　　**준우승**: 우승 다음의 등급.　　**지상**: 땅의 위.

12-2. 신문과 뉴스

복습 6

어휘 Vocabulary

▶ 정리하기

✐ 다음에서 알고 있는 어휘에 ✔ 해 보세요.

11-1과

양육	☐	실효성이 있다	☐	출산을 장려하다	☐
저출산	☐	수당을 지급하다	☐	혜택을 제공하다	☐
출산율	☐	인구가 감소하다	☐	효과가 미미하다	☐
유급 휴직	☐	정책을 시행하다	☐	양육비를 지원하다	☐
육아 휴직	☐	제도를 마련하다	☐	근로 시간을 단축하다	☐
출산 휴가	☐	추세가 지속되다	☐		

11-2과

가장	☐	혈연 의식	☐	의식이 약화되다	☐
개성	☐	가족 구성원	☐	제도가 미흡하다	☐
권리	☐	연금을 받다	☐	질병에 시달리다	☐
친척	☐	노후를 보내다	☐	경제적으로 자립하다	☐
고령화	☐	관계가 단절되다	☐	노화 현상이 나타나다	☐
유대감	☐	부모를 부양하다	☐		
독거노인	☐	소외감을 느끼다	☐		

12-1과

상업적	☐	방송에 부적합하다	☐	형식에 구애를 받지 않다	☐
선정적	☐	사람들과 교류하다	☐	다양한 콘텐츠를 보유하다	☐
자극적	☐	시공간을 초월하다	☐	부정확한 정보를 전달하다	☐
폭력적	☐	저작권을 침해하다	☐	관련 규정이 마련되지 않다	☐
유해하다	☐	실시간으로 소통하다	☐		
채널을 개설하다	☐	세대 차이를 극복하다	☐		

12-2과

편향성을 갖다	☐	책임 의식을 갖다	☐	대중의 신뢰를 잃다	☐
조회 수가 높다	☐	공정하게 보도하다	☐	심층적인 취재를 하다	☐
권력을 감시하다	☐	구독률이 하락하다	☐	균형 잡힌 시각을 갖다	☐
본질을 파악하다	☐	시청률이 떨어지다	☐	사건/사고를 보도하다	☐
사실을 왜곡하다	☐	언론 윤리를 지키다	☐	대중의 알 권리를 보장하다	☐
진실을 추구하다	☐	뉴 미디어를 선호하다	☐		

평가하기

[1~5] 다음 (　　)에 들어갈 가장 알맞은 것을 고르세요.

1.
과거에는 남자가 아이를 키우기 위해 직장을 쉬는 경우가 거의 없었지만 요즘은 아내 대신 아이를 돌보기 위해 1년 동안 (　　　)을/를 하는 남성이 점점 늘어나고 있다.

① 육아 휴직　② 출산 장려　③ 부모 부양　④ 수당 지급

2.
믿음이란 도자기 같아서 한번 깨지면 다시 붙이기 어렵다. 따라서 어떤 사람과 서로 믿음을 갖는 관계가 됐다면 가벼운 행동이나 말로 그 (　　　)을/를 잃어버리지 않도록 노력해야 한다.

① 세대　② 권리　③ 형식　④ 신뢰

3.
독거노인이 늘면서 정부는 부모를 부양하는 가정에 (　　　) 위해 여러 정책을 적극적으로 시행했으나 큰 효과를 보지 못했다.

① 채널을 개설하기　② 본질을 파악하기
③ 혜택을 제공하기　④ 차이를 극복하기

4.
가: 지금 자취하고 있다면서? 학교 다닐 때는 부모님 댁에서 다녔잖아.
나: 응. 경제적으로 (　　　) 위해서 취직하자마자 부모님 댁에서 나와 살기 시작했어.

① 자립하기　② 지급하기　③ 지원하기　④ 단축하기

5.
가: 요즘 드라마 '왕'에 대한 논란이 많더라고요. 드라마의 재미를 위해서 역사적인 사실을 이상하게 바꿨다면서요?
나: 네. 드라마가 어느 정도 상상력을 바탕으로 한다는 것은 이해하지만 역사적인 사실을 과도하게 (　　　) 건 문제가 있다고 봐요. 역사에 대해 잘 모르는 아이들은 그걸 사실로 받아들일 수도 있잖아요.

① 마련하는　② 왜곡하는　③ 추구하는　④ 보장하는

[6~10] 다음 밑줄 친 부분과 의미가 비슷한 것을 고르세요.

6. 서로의 비밀을 털어놓은 후 우리는 서로 매우 가깝게 연결되어 있다는 느낌을 강하게 느꼈다.

   ① 고령화　　② 소외감　　③ 유대감　　④ 대중화

7. 그 사람은 정치적으로 한쪽으로 치우친 성질이 강한 이야기를 자주 해서 사람들이 그와 대화하기를 꺼린다.

   ① 편향성　　② 실효성　　③ 시청률　　④ 구독률

8. 그는 은퇴 후 지방으로 내려가 살기로 결심하고 가지고 있던 서울의 아파트를 팔았다.

   ① 초월하던　　　　② 교류하던
   ③ 보유하던　　　　④ 파악하던

9. 어떤 영화가 경제적 이익을 얻는 데 크게 성공했다고 해서 반드시 좋은 영화인 것은 아니다.

   ① 선정적으로　　　② 자극적으로
   ③ 폭력적으로　　　④ 상업적으로

10. 식품 안정성 검사 결과에 따라 조건에 알맞지 않다고 결정된 제품은 전부 수거하여 폐기할* 예정이다.

    ① 원활하다고　　　② 미미하다고
    ③ 부정확하다고　　④ 부적합하다고

폐기하다: 못 쓰게 된 것을 버리다.

[11~13] 다음 (   )에 공통적으로 들어갈 단어를 고르세요.

11.
- 부모님과 (   ) 지낸 지 5년 가까이 되었다.
- 최근 기온이 크게 (   ) 난방용품 매출이 급격히 증가하고 있다.
- 이번 달에 친구를 자주 만났더니 벌써 생활비가 다 (   ) 말았다.

① 하락하다　　② 떨어지다　　③ 시달리다　　④ 전달되다

12.
- 아마존의 깊은 숲에서 외부 세계와 완전히 (   ) 채 살아가는 사람들이 발견되었다.
- 이번 전시회에는 전통문화가 (   ) 않도록 노력하는 예술가들의 작품이 전시되어 있다.
- 부부 사이에 대화가 (   ) 전문가의 도움을 받아서라도 문제를 해결하려고 노력해야 한다.

① 보도되다　　② 소통되다　　③ 단절되다　　④ 시행되다

13.
- 나는 내성적인 편이라서 영업직보다는 사무직을 (   ).
- 과거에는 대가족이 많았으며 딸보다 아들을 (   ) 경향이 있었다.
- 식습관이 서구화되고* 사람들이 손쉽게 먹을 수 있는 음식을 (   ) 쌀 소비가 계속 줄고 있다.

① 감시하다　　② 취재하다　　③ 개설하다　　④ 선호하다

[14~15] 밑줄 친 부분이 어색한 것을 고르세요.

14.　① 아이들 장난감에서 유해한 물질이 나와 큰 문제가 되고 있다.
　　② 이번 훈련은 선수들의 체력을 약화하는 데 초점을 두고 있다.
　　③ 아이를 양육하는 가정에 대한 국가의 지원이 여전히 미흡하다.
　　④ 평균 수명이 길어지면서 노인 인구 증가 현상이 지속되고 있다.

15.　① 면역력이 약해진 것은 균형 잡힌 식단 때문이다.
　　② 이 앱은 교통 상황을 실시간으로 파악해 빠른 길을 알려준다.
　　③ 식품 업체의 위생* 상태를 보도하기 위해 심층적인 취재를 했다.
　　④ 일로 얻은 수입을 공정하게 나눠야 사람들 사이에 불만이 생기지 않는다.

서구화되다: 서양인의 문화에 영향을 받아 닮아 가다.　　위생: 건강에 도움이 되도록 조건을 갖추거나 대책을 세우는 일.

문법과 표현
Grammar & Expression

▶ 정리하기

✎ 다음에서 알고 있는 문법과 표현에 ✔ 해 보세요.

11-1과

| 동-기에 앞서(서) | ☐ 학생들은 체험 활동을 **하기에 앞서서** 안전 교육을 받아야 합니다. |
| 동형-거나 하다 | ☐ 산꼭대기에 올라가면 배고플 테니 김밥을 **싸가거나 하면** 좋겠네요. |

11-2과

| 동형-듯(이), 명이듯(이) | ☐ 지금까지 열심히 **했듯이** 앞으로도 열심히 하면 꼭 성공할 수 있을 겁니다. |
| 동형-음에 틀림없다, 명임에 틀림없다 | ☐ 그의 만족스러운 표정을 보니 이번 일을 성공적으로 **해결했음에 틀림없다**. |

12-1과

| 동-는다든가, 형-다든가, 명이라든가 | ☐ **자상하다든가 능력이 있다든가** 이상형에 대해서 말을 좀 해 주세요. |
| 동-으려고 들다 | ☐ 그 사람은 어떤 일이든 실패할 것 같으면 처음부터 **도전하려고 들지** 않는다. |

12-2과

| 동형-다 못해 | ☐ 일도 힘들고 스트레스도 너무 심해서 **견디다 못해** 직장을 그만뒀어요. |
| 명에 달하다, 명에 그치다 | ☐ 환경 파괴로 반년 만에 제주도의 **두 배에 달하는** 숲이 사라졌다. |

▶ 평가하기

[1~2] 다음 (   )에 들어갈 가장 알맞은 것을 고르세요.

1. (   ) 공휴일 같은 쉬는 날에는 가족끼리 자주 외식을 합니다.

   ① 주말치고   ② 주말이라든가   ③ 주말 같아서는   ④ 주말이면 몰라도

2.   한밤중*에 이렇게 큰 소리가 나다니 윗집에 지금 (　　　　　).

　① 큰일이 난 셈이다　　　　　　　　　② 큰일이 났을 따름이다
　③ 큰일이 났을 리가 없다　　　　　　　④ 큰일이 났음에 틀림없다

[3~4] 다음 밑줄 친 부분과 의미가 비슷한 것을 고르세요.

3.   모두 <u>아시듯이</u> 우리 기업에서는 겨울마다 어려운 이웃을 위한 봉사 활동을 하고 있는데요. 이번에도 사회 복지 시설을 방문하여 봉사 활동을 할 계획입니다. 직원 여러분의 많은 신청 바랍니다.

　① 아시다시피　　　　　　　　　　　② 아시려다가
　③ 아시는 나머지　　　　　　　　　　④ 아시는가 하면

4.   올해 하반기* 영업 이익은 672억 원으로 작년과 비교했을 때 10분의 1 <u>수준에 그쳤다</u>.

　① 수준인 듯했다　　　　　　　　　　② 수준에 불과했다
　③ 수준일 게 뻔했다　　　　　　　　　④ 수준이 아닐까 했다

[5~7] 알맞은 표현을 골라서 대화를 완성하세요.

　　　-다 못해　　　　-려고 들다　　　　-거나 하다　　　　-기에 앞서서

5. 가: 다음 일정은 어떻게 되나요?
　 나: 다음 일정은 유적지 방문입니다. _____ 몇 가지 주의 사항을 말씀드리겠습니다.

6. 가: 애들한테 소리를 지르면 어떡해요? 애들이니까 싸울 수도 있죠. 화가 나도 좀 참아요.
　 나: 너무 자주 싸우니까 저도 _____ 화를 낸 거예요.

7. 가: 커피 드실래요?
　 나: 아니에요. 저는 오후에 _____ 잠을 못 자서 카페인이 든 음료는 오전에만 마셔요.

한밤중: 깊은 밤.   하반기: 한 해나 일정한 기간을 둘로 나누었을 때 나중 되는 기간.

듣기 Listening

[1] 다음 뉴스를 듣고 질문에 답하세요.

1. 다음에 이어질 내용으로 알맞은 것을 고르세요.
   ① 1인 미디어 진행자 인터뷰
   ② 1인 미디어 영상 제작 과정
   ③ 1인 미디어의 강력한 영향력
   ④ 1인 미디어로 피해를 입은 다른 사건

[2~3] 다음 강연을 듣고 질문에 답하세요.

2. 남자의 말하기 방식이 아닌 것을 고르세요.
   ① 전문가의 의견을 인용하고 있다.
   ② 조사 결과를 들어 설명하고 있다.
   ③ 질문을 던져 청자의 관심을 끌고 있다.
   ④ 실험을 통해 자신의 생각을 밝히고 있다.

3. 들은 내용과 일치하는 것을 고르세요.
   ① 아이를 낳는 것은 인간의 가장 강한 본능이다.
   ② 한국 정부는 출산율을 높이기 위해 노력하지 않았다.
   ③ 기성세대는 과거에 지금보다 경제적으로 풍족하게 살았다.
   ④ 자신을 위한 삶을 살고 싶다는 젊은 세대가 많은 것으로 나타났다.

[4~5] 다음 시사 프로그램을 듣고 질문에 답하세요.

4. 여자가 이 이야기를 한 목적으로 알맞은 것을 고르세요.
   ① 가족에 대한 인식이 바뀌는 것에 반대하기 위해서
   ② 혈연관계로 이루어진 가족 형태를 소개하기 위해서
   ③ 새로운 가족 형태를 제도적으로 인정해 주기를 촉구하기 위해서
   ④ 전통적 가족과 새로운 가족의 의미를 비교하여 설명하기 위해서

5. 들은 내용과 일치하는 것을 고르세요.
   ① 친구와 함께 사는 경우 법적 가족으로 인정받지 못한다.
   ② 같이 사는 사람이 수술할 경우 동거인은 수술에 동의할 수 있다.
   ③ 대부분의 국민은 결혼한 사이거나 혈연관계여야만 가족이라고 생각한다.
   ④ 동거* 가구는 신혼부부처럼 저렴한 가격에 제공되는 주택을 받을 수 있다.

 동거: 같은 집이나 같은 방에서 함께 삶.

읽기 Reading

[1~2] 다음 글을 읽고 질문에 답하세요.

| 블로그 |

저는 요즘 종이 신문을 구독하고 있습니다. 구독한 지 두 달쯤 됐는데 생각했던 것보다 더 좋아서 제 블로그에 오시는 분들과 종이 신문 구독 경험을 나눠 보려 합니다. 요즘 같은 시대에 무슨 종이 신문이냐고 생각하시는 분이 많을 것 같습니다. 인터넷 포털 사이트에 접속만 하면 무료로 많은 뉴스를 볼 수 있는 요즘, 종이 신문은 여러모로 번거롭고 불편하게 느껴질지도 모릅니다. 2000년대에는 60%에 달했던 종이 신문 구독률이 최근에는 6%에 불과한 것도 그런 이유 때문일 것입니다. 그런데도 저는 왜 신문사에 직접 전화를 걸어 종이 신문을 구독했을까요? 이유는 단순했습니다. 요즘 긴 글을 읽은 지 너무 오래됐다는 느낌이 들었기 때문입니다. 그래서 '신문이나 구독해 볼까?' 했던 것입니다.

두 달 동안 종이 신문을 읽어 본 결과, 여러 장점을 느꼈습니다. 먼저 인터넷 포털 첫 화면에 뜨는, 사람들이 선호하는 기사 외에도 다양한 뉴스를 볼 수 있다는 점이 좋았습니다. 또 모든 현상이나 사건을 좀 더 깊이 있는 시각으로 분석한 기사가 많은 것도 종이 신문의 큰 장점입니다. 인터넷에서는 심층적으로 취재한 기사를 보기가 쉽지 않은데 종이 신문에서는 '어떤 일이 일어났다'에서 끝나지 않고 '왜 그 일이 일어났는가', '보완 및 해결 방법은 무엇일까'를 진지하게 고민하는 기사를 꾸준히 볼 수 있었습니다. 마지막으로 정확한 문장으로 쓰인 논리적인 글을 많이 읽을 수 있어서 좋았습니다. 신문 기사는 훈련받은 전문가가 쓴 글입니다. 깔끔한 문장으로 '누가, 언제, 어디서, 무엇을, 어떻게, 왜'를 따지며 육하원칙에 맞춰 쓴 기사는 명확할 뿐만 아니라 논리성도 갖추고 있습니다. 이런 글을 꾸준히 읽다 보니 문장력, 어휘력뿐만 아니라 논리력도 는 것 같습니다.

두 달 동안 종이 신문을 구독해 본 결과는 매우 만족스럽습니다. 좋은 문장과 논리적이고 깊이 있는 글을 읽고 싶다면 종이 신문을 구독해 보십시오. 적은 돈으로 매일 좋은 글을 받아 볼 수 있을 것입니다.

1. 이 글을 쓴 이유로 알맞은 것을 고르세요.

① 종이 신문 구독을 추천하기 위해
② 신문의 구독률 하락을 알리기 위해
③ 인터넷 신문의 장점을 소개하기 위해
④ 좋은 글을 쓰는 방법을 설명하기 위해

2. 이 글의 내용과 일치하는 것을 고르세요.

① 인터넷에는 육하원칙에 맞춰 쓴 논리적인 글이 많다.
② 인터넷 포털 사이트의 기사를 보려면 돈을 내야 한다.
③ 종이 신문에는 논리성을 갖춘 글이 많아 구독률이 높다.
④ 종이 신문에서 사건을 심층적으로 분석한 기사를 볼 수 있다.

[3~5] 다음 글을 읽고 질문에 답하세요.

우리나라 국민 90% 이상이 텔레비전이나 인터넷 포털을 이용하여 뉴스 및 시사 정보를 얻는 것으로 나타났습니다. 한국언론진흥재단이 19세 이상의 성인을 대상으로 언론에 대한 사람들의 의식을 조사한 결과에 따르면 뉴스 및 시사 정보를 얻는 주요 경로*를 묻는 질문에 텔레비전이라는 응답이 53.2%에 달해 1위를 차지했습니다. (㉠) 인터넷 포털이라는 응답은 39.1%로 그 뒤를 이었고, 온라인 동영상 플랫폼을 이용한다는 응답은 1.5%에 그쳤습니다.

(㉡) 연령대가 높을수록 텔레비전 이용 비율이 높아 전통 미디어를 선호하는 것으로 나타났으며 연령대가 낮을수록 인터넷 포털의 이용 비율이 높았습니다. 특히 텔레비전이라고 응답한 비율은 60대 이상에서는 89.5%에 달했지만 20대에서는 10.1%에 그쳤으며 인터넷 포털이라고 응답한 비율은 60대 이상의 경우 4.6%, 20대의 경우 77.7%로 나타나 연령대별로 매우 큰 차이를 보였습니다.

뉴스에 대한 신뢰도의 경우 전통 매체가 높은 것으로 나타났습니다. (㉢) 매체에 대한 신뢰도를 조사한 결과, 텔레비전 뉴스의 신뢰도는 5점 만점에 3.49점으로 가장 높은 점수를 받았고 종이 신문은 3.21점으로 비교적 높은 신뢰도를 얻었습니다. 반면 인터넷을 기반으로 한 매체에 대한 신뢰도는 2.8점으로 낮게 나타났습니다. (㉣)

언론이 우선 개선해야 할 점이 무엇인지 묻는 질문에는 편향적 기사(28.1%), 왜곡 및 허위 보도(25.6%), 광고성 기사(4.9%) 등을 꼽았습니다.

3. 이 글에서 보기 의 글이 들어가기에 가장 알맞은 곳을 고르세요.

> 보기   뉴스 및 시사 정보를 얻는 경로는 연령대별로 차이가 있었습니다.

① ㉠   ② ㉡   ③ ㉢   ④ ㉣

4. 이 글의 내용과 일치하는 것을 고르세요.
① 60대 이상은 주로 텔레비전에서 뉴스 및 시사 정보를 얻는다.
② 초등학생부터 노인까지 다양한 연령대를 대상으로 조사했다.
③ 한국인은 인터넷 매체에 대해 높은 신뢰도를 보인 것으로 나타났다.
④ 응답자의 90%가 온라인 동영상 플랫폼을 통해 시사 정보를 얻는다.

5. 언론이 고쳐야 할 점으로 언급되지 않은 것을 고르세요.
① 권력을 감시하는 기사   ② 상품을 홍보하는 기사
③ 진실인 것처럼 꾸민 보도   ④ 사실과 다르게 전달하는 보도

경로: 일이 진행되는 방법이나 순서.

쓰기 Writing

✎ 다음 주제로 글을 쓰세요. (500자 이상)

출산율이 낮아지면서 여러 사회 문제가 발생하고 있습니다. 여러분이 생각하는 저출산 문제의 해결 방안을 두 가지 이상 써 보세요.

아래 어휘 중에서 세 가지 이상을 사용하세요.

육아 휴직, 출산 휴가, 수당을 지급하다, 정책을 시행하다, 제도를 마련하다, 혜택을 제공하다, 양육비를 지원하다, 근로 시간을 단축하다

말하기 과제
Speaking Task

✏️ **친구들과 토의 주제를 정하고 토의를 통해 문제 해결 방법을 마련해 봅시다.**

준비하기 조별로 모여 배운 내용과 관련해 토의할 주제를 정해 보세요.

학습한 단원	관련 주제
교육과 미래	▪ 과도한 사교육 문제를 해결하기 위한 방안 ▪
생활 속 경제	▪ 합리적인 소비를 위한 방안 ▪
변화하는 사회	▪ 가족 가치관 변화에 따른 갈등 해결 방안 ▪
대중 매체	▪ 악성 댓글 문제를 해결하기 위한 방안 ▪

활동하기

1. 토의 주제와 역할을 정해 보세요.

주제	
사회자	
토의자	

2. 토의에서 이야기할 말을 메모해 보세요.

	토의 시작 및 주제 제시하기	지금부터 토의를 시작하겠습니다. 저희 조의 토의 주제는….
사회자	안건 제시하기	
	발언 기회 주기	
	의견 정리하기	
	토의 마무리하기	

토의자	실태 제시하기	
	원인 제시하기	
	해결 방안 및 기대 효과 제시하기	

토의하기 절차에 유의하여 토의해 보세요.

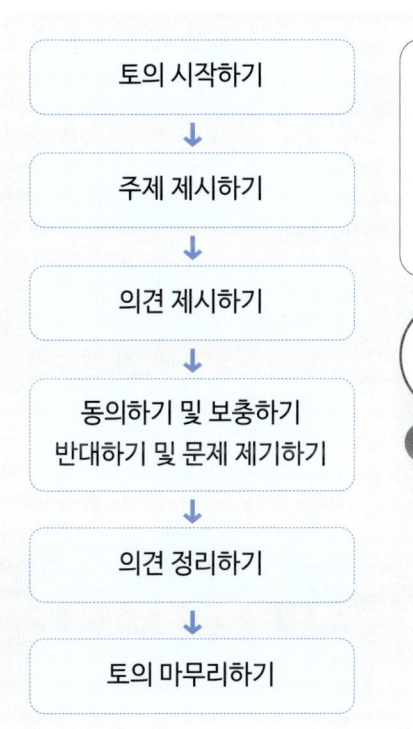

사회자

- 지금부터 토의를 시작하겠습니다. 저희 조의 토의 주제는 …입니다.
- 다음으로는 그 원인에 대해서 한번 이야기해 보도록 하겠습니다. 이런 문제점이 생긴 원인이 무엇이라고 생각하십니까?
- 네. 의견 잘 들었습니다. 오늘 토의에서 나온 의견을 정리하면….

- 제 생각에는 …는 것 같습니다.
- 저도 그렇게 생각합니다. …으면 어떨까요?
- 저는 생각이 좀 다릅니다. …기 때문입니다.
- 덧붙여서 말씀드리면….

토의자

평가하기 각 조의 토의를 보면서 평가해 보세요.

의견과 근거를 분명하게 제시했다.	☆☆☆☆☆
문제를 해결하기 위한 제안이 적절하고 타당했다.	☆☆☆☆☆
상대방의 의견에 동의하고 보충 의견을 적절하게 덧붙였다.	☆☆☆☆☆
예의를 지키며 상대방의 의견에 대한 반대 의견을 제시했다.	☆☆☆☆☆
토의 표현을 적절하게 사용했다.	☆☆☆☆☆

13

역사와 인물

13-1 나라의 건국과 멸망

13-2 역사 속 인물

	어휘	건국과 멸망, 문명과 강
13-1	문법과 표현	동-으려야 동-을 수(가) 없다 동형-은들, 명인들
13-2	어휘	인물의 업적, 인물에 대한 평가
	문법과 표현	동형-기에, 명이기에 동-어서야

어휘 Vocabulary

1. 관계있는 것끼리 연결하고 문장을 완성해 보세요.

문명이	짓다	곡식이나 채소를 심어 기르고 거두다
물품을	유리하다	지형이나 위치가 이익이 되는 상황이다
농사를	운송하다	물건을 실어 보내다
중심지가	되다	일이 가장 잘되는 시기를 맞다
전성기를	맞이하다	인간의 생활이 기술적, 물질적 발전을 이루기 시작하다
지리적으로	발생하다	중심이 되는 곳으로 변하다

1) 인류 고대 <u>문명이 발생한</u> 곳이 모두 강 유역이었다는 것은 우연이 아니다.

2) 목적지까지 _____ 위해서는 운송비를 미리 내야 한다.

3) 할아버지께서는 80세를 넘기신 나이에도 직접 _____ 쌀이나 채소 등을 서울에 있는 자식들에게 보내 주신다.

4) 조선이 건국된 후, 지금의 서울인 한양이 수도가 되면서 서울은 한국의 _____.

5) 배우 손정민이 드라마 '왕과 나'에서 놀라운 연기로 대중의 사랑을 받으며 배우 생활 15년 만에 _____.

6) 이 물류 창고*는 서울 및 경기도 근처에 있어 운송비를 절약하기에 _____.

> **물류 창고**: 물품을 원하는 장소에 시간에 맞춰 보낼 수 있도록 보관하는 곳.

2. 빈칸에 공통적으로 들어갈 말을 골라 알맞게 써 보세요.

> 건국되다   교역하다   기름지다   이동하다   전쟁하다   차지하다

1) 조사에 따르면 행복한 삶을 위해서는 경제력이 중요하다는 응답이 63%를 <u>차지했다고</u> 한다.
   아버지가 돌아가시자 형이 동생들과 아무런 상의 없이 혼자 모든 유산을 <u>차지하고</u> 말았다.

2) _____ 음식을 많이 먹었더니 속이 불편하다.
   옛날부터 이 지역은 땅이 _____ 쌀농사가 잘되었다.

3) 여행객들은 다음 장소로 _____ 전에 충분한 휴식을 취했다.
   모든 스태프와 배우들은 다음 촬영을 위해 강원도로 _____.

4) 10월 3일 개천절은 한반도 최초의 국가인 고조선이 _____ 날이다.
   그 나라는 3세기 초에 _____ 불과 3년 만에 멸망하고 말았다.

5) 그 나라는 독립 후 세계 여러 나라와 활발히 _____ 시작했다.
   과거에는 주변 지역과 물품을 _____ 때 동물이 중요한 운송 수단으로 이용되기도 했다.

6) 서로 이웃한 두 나라는 국경선 문제로 _____ 적이 있다.
   제2차세계대전 때 여러 나라가 _____ 모습을 현실감 있게 그린 영화를 보며 많은 관객이 눈물을 흘렸다.

3. 알맞은 말을 골라 글을 완성해 보세요.

> 교통이 발달하다   땅이 기름지다   문명이 발생하다   물품을 운송하다

LEI 백과   🔍 **세계 4대 문명**

세계에서 가장 먼저 1) <u>문명이 발생한</u> 곳은 황허, 메소포타미아, 인더스, 이집트로 이곳에서 발생한 문명을 세계 4대 문명이라 한다. 이곳은 모두 큰 강이 있는 지역이다. 큰 강이 있다는 것은 크게 두 가지 점에서 다른 지역보다 유리했다. 하나는 강 주변의 2) _____ 농사를 짓기에 좋았다는 것이고, 다른 하나는 강을 이용한 수상 3) _____ 수 있었다는 것이다. 이것은 당시에 땅에서보다 훨씬 더 쉽게 먼 거리를 이동하거나 4) _____ 수 있었음을 의미한다. 이런 이유로 인류는 강 유역에 모여 살며 문명의 발달을 이루었다.

문법과 표현 ❶ 동-으려야 동-을 수(가) 없다

1. 관계있는 것끼리 연결하고 문장을 완성해 보세요.

1) 자꾸 잡념*이 생기다 • • 서로를 이해하다

2) 거짓말을 워낙 잘하다 • • 집중하다

3) 사고방식이 너무 다르다 • • 일을 구하다

4) 취업난이 심하다 • • 날씨가 더운데도 에어컨을 켜다

5) 정전*이 되다 • • 믿다

1) 수업을 잘 들으려고 노력해도 <u>자꾸 잡념이 생겨서 집중하려야 집중할 수가 없다</u>.

2) 여자 친구가 다시는 약속을 어기지 않겠다고 하는데 _____.

3) 두 사람은 오래전부터 알고 지냈지만 _____.

4) 몇 년째 지속된 경제 불황으로 _____.

5) 태풍으로 인해 긴 시간 _____.

잡념: 여러 가지 쓸데없는 생각.   정전: 전기가 끊어짐.

2. 다음과 같이 대화를 완성해 보세요.

1) 가: 날도 추운데 왜 이렇게 땀을 흘려? 엘리베이터 안 탔어?
   나: 계단으로 올라왔어요. 엘리베이터에 사람이 너무 많아 <u>타려야 탈 수 없었어요</u>.

2) 가: 하반기 대기업 신입 사원 모집 공고가 났던데 지원해 보세요. 이번엔 합격할 수 있을 거예요.
   나: 경쟁이 너무 치열해서 제 실력으로는 _____.

3) 가: 김 대리가 오늘 또 일을 부탁하고 퇴근했다면서요? 못 한다고 거절 좀 하세요.
   나: 아이를 병원에 데려가야 한다고 해서 _____.

4) 가: 오늘 새 상품이 출시되었다고 하던데 지금 가면 살 수 있을까?
   나: 그 상품은 한정판*인 데다가 오전부터 사람이 몰려서 _____.

5) 가: 밖이 너무 시끄러워서 잠을 _____.
   나: 제가 나가서 조용히 해 달라고 이야기해 볼게요.

3. 위 문법과 다음 표현을 사용하여 이야기해 보세요.

안 쓰다, 물건   안 하다, 일   끊다, 것   사다, 물건   ?

스마트폰은 제가 안 쓰려야 안 쓸 수 없는 물건이에요. 아침부터 스마트폰 알람을 듣고 일어나고, 심심할 때는 인터넷도 하고, 자기 전에는 명상 음악을 듣는 등 항상 사용하거든요.

안 쓰려야 안 쓸 수 없는 물건이 있어요? 뭐예요?

한정판: 수를 제한하여 나오는 출판물이나 물건.

문법과 표현 ❷ 동/형-은들, 명인들

1. 관계있는 것끼리 연결하고 문장을 완성해 보세요.

1) 회장직에서 물러나다 — 그것으로 이번 일을 해결할 수 있을 리 없다
2) 소비세*를 올리다 — 명품 소비의 증가 추세를 막을 수는 없다
3) 정책이 아무리 많이 있다 — 사람들이 협조하지 않으면 소용없다
4) 영양제를 먹다 — 식습관을 바꾸지 않으면 건강해질 수 없다
5) 서로 사랑하다 — 결혼까지 하기는 어렵다

1) 그렇게 큰 잘못을 저질렀으니 <u>회장직에서 물러난들 그것으로 이번 일을 해결할 수 있을 리 없다</u>.

2) 정부는 명품에 대한 소비세 인상을 검토하고 있지만 _____.

3) 환경 보호를 위해 다양한 정책을 펼치고 있지만 _____.

4) 건강을 위해 아침마다 _____.

5) 인생에 대한 가치관이 다르면 _____.

 *소비세: 소비나 지출에 대하여 소비자에게 부과하는 세금.

2. 다음과 같이 대화를 완성해 보세요.

1) 가: 정부가 이번에 자녀를 한 명 이상 둔 가정에 대한 지원을 늘린다고 해요.
   나: 결혼을 하지 않겠다는 사람들이 급격히 증가하고 있는데 <u>지원을 늘린들 무슨 소용이 있겠어요</u>?

2) 가: 도서관에 새로운 책이 많이 들어왔는데 책 읽으러 오는 학생이 별로 없어서 안타깝네요.
   나: 그러게요. 학생들이 안 오면 _____?

3) 가: 날씨가 정말 화창하고* 좋네요.
   나: 일이 많아서 밤을 새워도 다 못 할 것 같은데 _____?

4) 가: 제가 20대 때 좀 더 적극적으로 살지 못한 게 후회가 돼요.
   나: 현재가 중요하지 과거 일을 _____?

5) 가: 돈을 모으려고 밤낮없이 일했더니 건강이 심각하게 나빠진 게 느껴져요.
   나: 건강이 안 좋으면 _____?

3. 위 문법을 사용하여 이야기해 보세요.

친구는 없어도 돈은 꼭 있어야 한다고 생각해요.

글쎄요. 자신을 진정으로 위해 주는 친구가 한 명도 없다면 아무리 돈이 많은들 무슨 소용이 있겠어요?

이번 시험에 통과하지 못했어요. 공부를 열심히 안 한 게 정말 후회돼요.

소개팅에서 제 이상형을 만났는데 너무 이야기가 안 통해서 10분이 1시간처럼 느껴졌어요.

근육을 키우고 싶은데요. 단백질을 많이 섭취하는 건 어렵지 않은데 운동은 정말 못 하겠어요.

화창하다: 날씨나 바람이 온화하고 맑다.

어휘 Vocabulary

1. 관계있는 것끼리 연결하고 문장을 완성해 보세요.

모범을	강화하다	힘을 들여 연구를 하다
국방을	마련하다	배울 만한 행동을 보이다
체제를	보이다	법을 만들어서 정하다
법을	정비하다	모든 힘을 들이다
기틀을	힘쓰다	나라를 지키는 일을 더 강하게 하다
온 힘을	제정하다	사회의 체계를 정리해서 제대로 갖추다
연구에	바치다	가장 중요한 기초를 만들다

1) 부모가 자녀에게 책을 읽으라고 잔소리할 것이 아니라 직접 책을 읽어 <u>모범을 보이면</u> 자녀들도 책을 좋아하게 될 것이다.

2) 총리*는 국방비를 늘리고 더 많은 군인을 뽑는 등 _____ 위해 노력했다.

3) 그가 새로운 나라를 건국하고 가장 먼저 한 일은 흐트러진* _____ 것이었다.

4) 최근 우리 사회는 사회적 약자에 대한 차별로 심각한 갈등을 겪고 있다. 그 누구도 차별받지 않게 하기 위한 _____ 문제를 해결할 수 있기를 기대한다.

5) 서울전자는 이번 계약으로 1,000억 원대의 투자를 받게 되면서 사업 성장의 _____.

6) 정부는 국가를 위해 _____ 싸우다가 다친 군인들을 위한 지원 정책을 확대해 나갈 예정이라고 밝혔다.

7) 수십 년 동안 교육과 _____ 열네 명의 한국대 교수들의 퇴직 기념식이 오늘 오후 두 시에 강당에서 진행된다.

총리: 국가 사무를 총괄하는 공무원. **흐트러지다**: 일, 분위기 등이 혼란스럽고 무질서하게 되다.

2. 밑줄 친 부분과 의미가 같은 말을 골라 알맞게 써 보세요.

> 강직하다   다스리다   선발하다   (인자하다)   천재적이다

1) 우리 어머니는 사랑과 정이 깊고 너그러운* 성품을 지니셔서 내가 아이일 때부터 큰 소리로 혼을 내신 적이 없다. ➡ 인자한

2) 내 동생은 어릴 때부터 음악에 남들보다 훨씬 뛰어난, 타고난 재능을 보였다.
   ➡ _____

3) 이순신 장군은 마음이 곧고* 강하여 옳지 않다고 생각하는 일에 대해서는 어떤 경우에도 타협하지* 않았
   ➡ _____
   다고 전해진다.

4) 세종 대왕은 나라를 잘 이끌고 관리해서 지금까지도 한국에서 가장 존경받는 왕으로 꼽힌다.
   ➡ _____

5) 올림픽을 앞두고 국가 대표 선수를 골라 뽑기 위해 선수들의 실력을 평가하고 있다.
   ➡ _____

3. 알맞은 말을 골라 글을 완성해 보세요.

> 지혜롭다   모범이 되다   (업적을 남기다)
> 여러 분야에 능통하다   지도력이 뛰어나다   충성심이 강하다

위인은 뛰어난 1) 업적을 남겨 그 이름이 전해지는 사람을 뜻한다. 위인은 다른 사람들이 본받을 만한 2) _____ 사람이기 때문에 위인의 삶은 많은 사람이 읽을 수 있도록 책으로 출판되곤 한다. 위인전에는 인자한 왕이나 강직한 장군, 한 왕을 끝까지 모시는 3) _____ 신하 등 다양한 인물이 등장하는데 우리는 위인의 삶에 대해 읽으며 그들의 훌륭한 점을 배울 수 있다. 예를 들어 4) _____ 인물이 어떻게 많은 사람을 잘 이끌 수 있었는지, 정치, 경제, 과학 등 5) _____ 인물이 그렇게 되기까지 얼마나 많은 노력을 했는지, 위인이 어려운 문제 상황을 어떻게 6) _____ 풀어냈는지 등을 위인전을 통해 배울 수 있는 것이다.

너그럽다: 마음이 넓고 속이 깊다.   **곧다**: 마음이 흔들림 없이 바르다.   **타협하다**: 어떤 일을 서로 양보하여 의논하다.

문법과 표현 ❸ 동형-기에, 명이기에

1. 관계있는 것끼리 연결하고 문장을 완성해 보세요.

1) 장학금을 받아야 하다 • • 이 상장을 수여하다*
2) 슬픔이 있다 • • 최선을 다해 시험을 준비하고 있다
3) 가족이 있었다 • • 기쁨도 있는 것이다
4) 다른 학생들의 모범이 되었다 • • 보고서를 아직 제출하지 못하다
5) 회의 중이다 • • 제가 이 자리에 설 수 있었다

1) 그는 반드시 <u>장학금을 받아야 하기에 최선을 다해 시험을 준비하고 있습니다</u>.

2) 우리 인생에 _____.

3) 언제나 제 편이 되어 주는 _____.

4) 위 사람은 _____.

5) 사장님께서 _____.

2. 그림을 보고 문장을 완성해 보세요.

1)
뉴스에서 <u>요즘 독감이 유행이라기에 병원에 가서 예방 주사를 맞았다</u>.

 수여하다: 상 등을 주다.

2)

구청에서 _____ .

3)

일기 예보에서 _____ .

4)

강연자가 _____ .

5)

인턴사원이 _____ .

3. 위 문법을 사용하여 이야기해 보세요.

- 존경하는 사람이 있습니까? 그분을 존경하는 이유는 무엇입니까?
- 서울대학교에서 한국어 수업을 듣는 이유는 무엇입니까?
- 어려운 일을 극복한 경험이 있습니까? 그 일이 자신에게 어떤 영향을 미쳤습니까?

존경하는 사람이 있습니까? 그분을 존경하는 이유는 무엇입니까?

제가 세상에서 가장 존경하는 사람은 아버지입니다. 저희 아버지는 저에게 좋은 환경을 마련해 주기 위해서 많은 노력을 하셨습니다. 이런 아버지가 계셨기에 지금의 제가 있을 수 있다고 생각합니다.

저소득층: 소득 수준이 낮은 계층.

문법과 표현 4 　동 형 -어서야

1. 알맞은 말을 골라 문장을 완성해 보세요.

   2주가 넘다　　10년이 지나다　　날이 밝다　　저녁이 되다　　한 달이 다 되다

   1) 이곳은 인터넷 환경이 좋지 않아서 이사를 온 지 ___2주가 넘어서야___ 인터넷을 사용할 수 있었다.

   2) 불우 이웃을 위한 모금* 활동을 이른 아침에 시작했는데 _____ 끝이 났다.

   3) 지난밤 갑자기 내린 폭설로 고속 도로에 갇혀 있었다. 밤새 추위에 떨다가 _____ 그곳에서 벗어날 수 있었다.

   4) 긴 무명 시절을 보낸 그는 데뷔한 지 _____ 배우로서 사람들에게 이름을 알릴 수 있었다.

   5) 해외에서 물건을 구매했는데 배송이 지연되어 원래는 일주일이면 받을 수 있는 물건을 구매한 지 _____ 겨우 받았다.

2. 다음과 같이 대화를 완성해 보세요.

   1) 가: 이번 선거 때 딱히 투표하고 싶은 사람이 없어. 투표를 안 할까 해.
      나: 투표권을 그렇게 ___포기해서야 되겠어___? 다시 생각해 봐.

   2) 가: 여섯 시에 출발하면 제시간에 도착하겠지요?
      나: 그때는 퇴근 시간인데 그 시간에 _____? 30분쯤 일찍 가지요.

 모금: 기부금 등을 모음.

3) 가: 내일 발표 준비는 이 정도로 하면 되겠지?
   나: _____? 긴장하지 않고 잘하려면 조금 더 연습해야 한다고 봐.

4) 가: 요즘 화장실에 갈 시간도 없을 정도로 일만 하며 살고 있어요.
   나: 그렇게 _____? 일을 좀 줄일 수 있는 방법을 생각해 보세요.

5) 가: 이 물건을 두 배 더 생산하는 게 어때요?
   나: 수요가 없는데 그렇게 _____? 지금은 경기가 좋지 않으니까 많이 만들지 않는 게 나을 것 같아요.

6) 가: 이사해야 하는데 비가 너무 많이 오네요.
   나: 그러게요. 이렇게 _____? 날짜를 바꿀 수 있는지 알아보세요.

3. 위 문법을 사용하여 오랜 기다림 끝에 이루어진 일에 대해 이야기해 보세요.

저는 고등학교 때 친구들하고 1박 2일로 배낭여행을 너무 가고 싶었는데요. 부모님께서 성인이 되기 전에 친구들끼리 여행 가는 것은 위험하다고 하셔서 갈 수 없었어요. 스무 살이 되어서야 친구들과 여행을 할 수 있었어요.

태풍 때문에 비행기가 취소돼서 공항에서 비행기가 뜰 때까지 무작정* 기다린 적이 있어요. 하루 종일 공항 의자에 앉아 시간을 보내다가 결국 다음 날이 돼서야 비행기를 탈 수 있었어요.

무작정: 미리 정한 것이 없이.

14

전통문화

14-1 전통과 장인

14-2 전통과 현대의 만남

14-1	어휘	공예품, 묘사
	문법과 표현	동형-길래, 명이길래
		동-기조차, 명조차
14-2	어휘	퓨전 문화, 논란
	문법과 표현	동-는 가운데, 형-은 가운데
		동-는 만큼, 형-은 만큼, 명인 만큼

어휘 Vocabulary

1. 관계있는 것끼리 연결하고 문장을 완성해 보세요.

인내심이	•	• 제작하다	•	• 전통적인 방법을 강하게 지키다
미적으로	•	• 고수하다	•	• 참고 견디는 마음이 필요하다
수작업으로	•	• 요구되다	•	• 아름다움을 기준으로 볼 때 매우 훌륭하다
전통 방식을	•	• 필요하다	•	• 손으로 작업하여 만들다
고난도 기술이	•	• 뛰어나다	•	• 매우 어려운 기술이 필요하다

1) 아이들은 말을 듣지 않고 떼를 쓰는* 경우가 많기 때문에 아이들을 돌보려면   인내심이 요구됩니다 .

2) 사람들은 _____ 예술 작품을 봤을 때 큰 감동을 느낍니다.

3) 기계를 이용해 짧은 시간 안에 도장을 만들 수 있는 시대인데도 그는 시간과 정성을 들여 도장을 _____ _____ .

4) 30년 동안 _____ 국수를 만들어 온 그 식당은 항상 손님들로 붐빕니다.

5) 폐암 수술은 암 수술 중에서도 _____ 어려운 수술로 손꼽힙니다.

2. 빈칸에 공통적으로 들어갈 말을 골라 알맞게 써 보세요.

> 상징하다   실용적이다   장식하다   (특색 있다)

1) 이곳에서는 자신의 개성을 살려 휴대폰 케이스를   특색 있게   꾸밀 수 있다.
그 카페는   특색 있는   메뉴가 입소문을 타면서 인기를 얻었다.

2) 연말이 되면 작은 전구를 달아 나무를 _____ .
진주로 _____ 구두가 가장 마음에 들었다.

 떼를 쓰다: 무엇인가를 해 달라고 고집을 부리다.

3) 이 가방은 노트북을 수납할 수 있는 공간이 분리되어 있어 _____.

가격 대비 성능을 따져 보는 _____ 소비를 추구하는 사람이 많아졌다.

4) 태극기는 대한민국의 국기로 중앙에 있는 태극은 해와 달을 _____.

옛날에는 왕이 오래 살기를 바라며 왕의 옷에 장수*를 _____ 동물을 수놓았다.

3. 알맞은 말을 골라 대화를 완성해 보세요.

간결하다	고급스럽다	고풍스럽다	(멋스럽다)
세련되다	수수하다	우아하다	정교하다

1) 가: 엄마, 이 스카프 어때요? 엄마가 하면 __멋스러워__ 보일 것 같아요.

　　나: 그것도 멋을 아는 사람이 해야 어울리지. 너한테 어울릴 것 같은데 네가 한번 해 봐.

2) 가: 그 사람의 첫인상은 어땠어요?

　　나: 유명인이라서 화려한 옷을 입고 올 줄 알았는데 청바지에 흰 티셔츠를 입고 와서 꾸밈없고 _____ 인상을 받았어요.

3) 가: 이 무늬 좀 보세요. 이렇게 작은 무늬를 하나하나 그렸다니 정말 신기하지요?

　　나: 네. 놀라울 정도로 _____.

4) 가: 지난주에 다녀온 한옥 호텔은 어땠어요? 마음에 들었어요?

　　나: 네. 고가구가 많아서 _____ 느낌이 들었고 정원도 아름다워서 정말 좋았어요.

5) 가: 이제 중고등학생들도 생일에 명품을 선물하는 게 유행이라고 하네요.

　　나: 고가의 물건을 사용하면 자신도 _____ 보일 거라고 생각하는 사람이 많은 것 같아요. 물건이 아니라 사람이 훌륭해야죠.

6) 가: 인테리어 사진을 보고 있네요. 인테리어에 관심 있어요?

　　나: 우리 집이 꽃무늬 벽지로 도배되어 있는데 좀 촌스러워 보여서요. _____ 보이는 스타일로 다시 인테리어를 하고 싶어서 사진을 좀 보고 있어요.

7) 가: 글을 _____ 잘 쓰네요. 글이 간단하고 깔끔하면서도 주장이 분명하고 구성도 좋아요.

　　나: 감사합니다. 교수님.

8) 가: 웨딩드레스를 찾고 있어요. 기품* 있어 보이면서도 아름다운 드레스를 입고 싶은데요.

　　나: _____ 스타일의 드레스를 찾으시는군요. 고객님이 마음에 들어 하실 만한 드레스가 있어요. 잠시만요.

장수: 오래 삶.　　기품: 격이 높고 훌륭한 분위기.

문법과 표현 ❶ 동형-길래, 명이길래

1. 관계있는 것끼리 연결하고 대화를 완성해 보세요.

1) 비가 오다 • • 안 사고 그냥 오다
2) 빵이 맛있어 보이다 • • 커피숍에 들어오다
3) 너무 비싸다 • • 또 사려고 하다
4) 얼마나 예쁘다 • • 조금 사 오다
5) 무슨 일이 있다 • • 서로 말도 안 하다

1) 가: <u>비가 오길래 커피숍에 들어왔어</u>. 너도 지하철역 앞 별빛커피숍으로 와.
   나: 알았어. 늦어서 미안. 조금만 기다려 줘.

2) 가: 집에 빵 많은데 또 사 왔어?
   나: _____.

3) 가: 어제 쇼핑 간다고 하더니 예쁜 것 좀 샀어요?
   나: 아니요. _____. 세일할 때 사려고요.

4) 가: 이번에 빛나가 공항에서 든 가방 봤어? 너무 마음에 들어서 월급 받으면 사려고.
   나: 가방도 많으면서 그 가방이 _____?

5) 가: 어제 저 둘 사이에 _____?
   나: 말도 안 할뿐더러 인사도 안 해. 두 사람이 심하게 다퉜나 봐.

2. 알맞은 말을 골라 문장을 완성해 보세요.

> 도와주다   마음에 들다   작품성이 뛰어나다
> (재미있고 편하다)   태풍이 오다

1) 서울에서 취직한 친구가 서울 생활이 _재미있고 편하다길래 저도 서울로 오게 됐어요_.

2) 리뷰를 보니까 그 영화가 _____.

3) 길에서 파는 귀걸이를 친구가 보고 _____.

4) 일기 예보에서 오늘 밤에 _____.

5) 후배가 발표 준비하는 걸 _____.

3. 위 문법을 사용하여 이야기해 보세요.

- 충동구매를 해 본 적이 있어요? 왜 충동구매를 하게 됐어요?
- 친구에게 물건을 빌려준 적이 있어요? 무엇을, 왜 빌려줬어요?
- 최근에 재미있게 본 영화가 있어요? 그 영화를 왜 보게 됐어요?

충동구매를 해 본 적이 있어요? 왜 충동구매를 하게 됐어요?

신발을 충동구매한 적이 있어요. 밥을 먹으려고 백화점에 갔는데 행사장에서 파는 구두가 너무 예뻐 보이길래 계획에는 없었지만 사게 됐어요.

문법과 표현 2 — 동-기조차, 명조차

1. 알맞은 말을 골라 대화를 완성해 보세요.

> 교사들   기대   (예상)   움직이다   씹다   서 있다

1) 가: 이번 시민 참여 토론회에서 시장이 시민의 질문에 답을 하지 못했다면서?
   나: 응. 그런 질문을 할 거라고 <u>예상조차 하지 못한 것 같았어</u>.

2) 가: 아파트 청약*에 당첨됐다면서?
   나: 응. 청약 당첨이 하늘의 별 따기라고 해서 _____ 당첨이 돼서 너무 기뻐.

3) 가: 이번 수능 시험에 매우 어려운 문제가 있었다면서요? 그 문제는 학생들이 많이 못 풀었지요?
   나: 학생들은커녕 _____.

4) 가: 벌써 오후 한 시인데 언제까지 집에 있을 거야?
   나: 오늘은 계속 집에 있고 싶어. 모든 일이 다 귀찮아서 _____.

5) 가: 괜찮아? 힘들어 보이는데.
   나: 운동을 무리하게 했더니 _____. 어디라도 좀 앉아야겠어.

6) 가: 턱에서 자꾸 소리가 나요.
   나: 그냥 두지 말고 꼭 병원에 가세요. 계속 놔두면 나중에는 음식을 _____.

2. 알맞은 말을 골라 문장을 완성해 보세요.

> 걷다   상상하다   (고개를 들다)   눈을 뜨다   숨을 쉬다

1) 사람들 앞에서 발표하다가 실수를 해서 <u>고개를 들 수조차 없었다</u>.

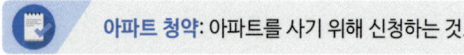 **아파트 청약**: 아파트를 사기 위해 신청하는 것.

2) 어제 영화를 보면서 펑펑* 울었더니 눈이 부어서 _____.

3) 사고 소식을 듣고 너무 큰 충격*으로 _____.

4) 다리의 통증이 점점 심해지더니 이제는 _____.

5) 100년 전에는 우리나라가 이렇게 빠른 속도로 경제 발전을 이룰 것이라고 _____.

3. 위 문법을 사용하여 이야기해 보세요.

- 미래에 일어날 거라고 상상하지 못했는데 일어난 일이 있어요?
- 친구나 가족에게서 기대하지 못했던 깜짝 선물을 받은 적이 있어요?
- 아팠던 경험에 대해서 이야기해 보세요.

미래에 일어날 거라고 상상하지 못했는데 일어난 일이 있어요?

몇 년 전에만 해도 미세 먼지 농도*가 많이 높지는 않아서 미세 먼지 문제가 이렇게 심각해질 거라고 상상조차 하지 못했어요. 그런데 요즘은 미세 먼지 농도가 높은 날이 너무 많아서 숨 쉬기조차 힘들어요.

펑펑: 눈물 등이 세게 쏟아져 나오는 모양.　　**충격**: 슬픈 일이나 뜻밖의 사건 등으로 마음에 받은 심한 자극이나 영향.
농도: 진한 정도.

어휘 Vocabulary

1. 관계있는 것끼리 연결하고 문장을 완성해 보세요.

동서양을	재발견하다	의미를 다시 새롭게 발견하다
세계화에	기여하다	여럿이 다른 주장을 하며 다투는 정도가 심하다
창조적으로	보이다	동양과 서양을 하나가 되게 하다
가치를	아우르다	세계적인 것이 되도록 돕다
논란이	계승하다	반대하는 생각을 나타내다
부정적 입장을	뜨겁다	있는 그대로가 아니라 새로운 방법으로 전통 등을 이어 나가다

1) ' 동서양을 아우르는 요리'라는 프로그램에서는 세계 각국의 유명한 요리를 집에서 쉽게 만드는 방법을 소개한다.

2) 한국 소설을 외국어로 번역하는 것은 우리 작품을 전 세계인에게 알리는 일로 우리 문학의 _____ 일이다.

3) 우리의 전통문화를 계속 이어 나가기 위해서는 전통문화를 현대에 맞게 _____ 한다.

4) 이번 전시회에서는 버려진 병, 캔, 플라스틱 등을 이용하여 만든 작품들이 전시되는데, 버려진 것들의 _____ 위해 예술가 열세 명이 뜻을 모아 개최했다.

5) 만 14세 미만의 청소년은 심각한 범죄를 저질러도 법에 의해 처벌을 받지 않는다. 그러나 최근 청소년 범죄가 여러 차례 발생하여 이러한 법이 유지되어야 하는지에 대한 _____ .

6) 아동 심리학자들은 아이들에게 몇 학년 뒤에 배워야 할 내용을 선행 학습 시키는 것에 큰 우려를 나타내며 _____ 있다.

2. 빈칸에 공통적으로 들어갈 말을 골라 알맞게 써 보세요.

> 엇갈리다　　　융합하다　　　(훼손하다)

1) 그 사람은 다른 직원의 명예*를 _훼손하여_ 고소를 당했다.
   문화재청은 앞으로 문화재*를 _훼손한_ 사람이 복원 비용을 내도록 하겠다고 발표했다.

2) 각국 대표의 의견이 _____ 여러 날째 협상이 이루어지지 못하고 있다.
   두 사람은 길이 _____ 바람에 아직 만나지 못했다.

3) 그는 재즈와 클래식을 _____ 음악으로 사람들에게 좋은 반응을 얻었다.
   4차 산업 혁명 시대에는 다양한 분야를 _____ 새로운 것을 창조할 수 있는 인재가 필요하다.

3. 알맞은 말을 골라 대화를 완성해 보세요.

> 고유하다　　대중화되다　　(우려하다)　　재탄생하다　　획일화되다　　정체성을 잃다

1) 가: 요즘 유행하는 독감은 심해지면 폐렴*에 걸릴 수도 있대요.
   나: 네. 노인들은 사망으로 이어지는 경우도 많아서 정부에서도 _우려하고_ 있다고 들었어요.

2) 가: 지하철역에 성형외과 광고가 너무 많네요.
   나: 네. 개개인의 매력이 모두 다른데 그런 광고에서는 _____ 미의 기준을 보여 주는 것 같아 안 좋더라고요.

3) 가: 여행지를 정할 때 가장 먼저 고려하는 게 뭐예요?
   나: 나라마다 그 나라만이 가지고 있는 _____ 문화가 있잖아요. 저는 그런 문화를 체험할 수 있는 곳으로 여행 가는 걸 좋아해요.

4) 가: 여기에는 사진 찍기 좋은 곳이 정말 많네요.
   나: 이곳은 조용한 시골 마을이었는데 곳곳에 벽화*가 그려지면서 새로운 문화 공간으로 _____.

5) 가: 작가님, 이번 소설에서 주인공은 자신이 누구인지 모르는 상태에서 많은 일을 겪고 혼란스러워하는데요. 작가님께서 이 소설을 통해 이야기하고자 하신 것은 무엇입니까?
   나: 네. 현대 사회 속에서 _____ 채 살아가는 현대인의 모습을 표현하고 싶었습니다.

6) 가: 선생님, 국민 간식으로 불리는 떡볶이가 원래는 왕의 상에만 오르던 음식이었다면서요?
   나: 네. 원래는 궁에서 먹던 귀한 음식이었는데요. 1960년대 이후 _____ 많은 사람들이 떡볶이를 먹게 되었지요.

명예: 세상에서 훌륭하다고 평가되고 인정되는 이름.　　문화재: 문화 활동에 의해 창조된 가치가 뛰어난 사물.
폐렴: 폐에 생기는 염증.　　벽화: 벽에 그린 그림.

문법과 표현 3 동-는 가운데, 형-은 가운데

1. 관계있는 것끼리 연결하고 문장을 완성해 보세요.

1) 집안 형편이 어렵다 • • 다른 지역 사람들의 도움의 손길이 이어지고 있다

2) 관객들의 시선이 집중되다 • • 음악회의 첫 번째 연주가 시작되다

3) 화재가 발생하다 • • 시민들이 사진 촬영을 하고 있다

4) 벚꽃이 활짝 피다 • • 소방대원들이 화재 진압*을 하고 있다

5) 남부 지역의 피해가 심각하다 • • 포기하지 않고 노력해서 꿈을 이루다

1) 그는 집안 형편이 어려운 가운데 포기하지 않고 노력해서 꿈을 이루었다.

2) 공연장을 가득 채운 _____.

3) 공사장에서 _____.

4) 서울공원에 _____.

5) 태풍으로 인한 _____.

2. 그림을 보고 문장을 완성해 보세요.

1)  폭설이 내리는 가운데 이 자리에 참석해 주신 여러분께 진심으로 감사의 인사를 드립니다.

진압: 힘으로 눌러 진정시킴.

2)

회사 임원* 분들이 _____
중요한 말씀을 드리고자 합니다.

3)

인기 배우 김민수 씨가 음주 운전으로
_____ SNS에 자필 사과문을 올렸습니다.

4)

_____
제 전시회에 와 주셔서 정말 감사합니다.

5)

_____
많은 피해가 발생하고 있습니다.

3. 위 문법과 다음 표현을 사용하여 이야기해 보세요.

| 가족들이 모두 모이다 | 즐겁게 이야기를 나누다 | 모든 사람들이 지켜보다 |

| 비가 쏟아지다 | 관중이 한마음으로 응원하다 | 모두가 조용하다 |

가족들이 모두 모인 가운데 언니가 결혼 발표를 했어요.

그 두 사람은 즐겁게 이야기를 나누는 가운데 서로에게 호감을 느꼈어요.

 임원: 어떤 단체에서 중요한 일을 맡고 있는 사람.

문법과 표현 4   동-는 만큼, 형-은 만큼, 명인 만큼

1. 관계있는 것끼리 연결하고 문장을 완성해 보세요.

1) 수많은 실패를 경험하다 • — • 매출도 높을 것으로 기대하다
2) 제품의 디자인이 좋은 평가를 받고 있다 • • 이번에는 성공할 것이라고 믿다
3) 수도권 인구 집중 문제를 해결하기 위해 노력하다 • • 상황이 나아질 것으로 전망되다
4) 돈이 많이 들다 • • 미리 저축해 둘 필요가 있다
5) 방송되는 인터뷰이다 • • 실수하지 않도록 조심해야 하다

1) 그동안 <u>수많은 실패를 경험한 만큼 이번에는 성공할 것이라고 믿는다</u>.

2) 새로 출시되는 _____.

3) 정부가 _____.

4) 유학 계획이 있다면 _____.

5) 전국에 _____.

2. 다음과 같이 대화를 완성해 보세요.

1) 가: 작년에 개발한 제품이 큰 인기를 끌었는데요. 이번 신제품 개발에 부담이 크시겠어요.
　　나: 네. <u>부담이 큰 만큼</u> 좋은 제품을 개발하기 위해 최선을 다하고 있습니다.
　　　　(부담이 크다)

2) 가: 이제 올림픽이 2주 앞으로 다가왔는데요. 매일 계속되는 훈련이 힘들지는 않으십니까?

    나: _____ 꼭 메달을 따겠다는 목표를 가지고 열심히 훈련하고
    　　　　(국민들의 기대가 크다)
    있습니다.

3) 가: '청년 창업의 꿈'에서는 사람들이 줄을 서서 먹는 김밥 맛집이 있다고 해서 인터뷰하러 나왔습니다.
    사장님, 우리가 흔히 접할 수 있는 김밥이라는 메뉴로 식당을 여는 게 걱정되지는 않으셨습니까?

    나: 김밥은 제가 집에서도 자주 해 먹어서 _____ 다른 분들도
    　　　　　　　　　　　　　　　　　(맛있게 만드는 데 자신 있다)
    분명히 좋아하실 거라고 생각했습니다.

4) 가: 경주에 개발 허가 구역이 많아지면서 예전과 달라진 풍경에 아쉬워하는 시민들이 많은 것 같습니다.

    나: 네. 경주는 _____ 도시 개발에 제한이 많았는데요. 높은
    　　　　　　(역사적인 도시이다)
    건물을 짓는 것이 허가되면서 도시 경관이 많이 변한 것이 사실입니다.

5) 가: 나나 씨가 다음 달에 대규모 콘서트를 연다면서요?

    나: 네. 크리스마스에 맞춰 올림픽 경기장에서 대규모 콘서트를 열 예정이라고 하는데요.
    _____ 많은 주목을 받고 있습니다.
    (　　　　　　　　　　)

3. 위 문법을 사용하여 이야기해 보세요.

- 토픽(TOPIK) 시험에 대한 각오를 이야기해 주세요.
- 주변의 기대 때문에 부담을 느낀 적이 있어요?
- 책임감을 가지고 하고 있는 일이 있어요?

토픽 시험에 대한 각오를 이야기해 주세요.

이번 시험을 잘 보면 장학금을 받을 수 있는 만큼 최선을 다해서 시험을 준비할 거예요.

대학교에 지원하기 전에 보는 마지막 시험인 만큼 좋은 결과를 얻고 싶어요.

복습 7

어휘 Vocabulary

▶ 정리하기

✎ 다음에서 알고 있는 어휘에 ✔ 해 보세요.

13-1과

유역 ☐	농사를 짓다 ☐	영토를 차지하다 ☐
상류/하류 ☐	땅이 기름지다 ☐	지리적으로 유리하다 ☐
초(기)/중(기)/후(기)/말(기) ☐	중심지가 되다 ☐	수상 교통이 발달하다 ☐
건국되다 ☐	문명이 발생하다 ☐	주변 국가와 교역하다 ☐
멸망하다 ☐	물품을 운송하다 ☐	전성기를 맞이하다/이루다 ☐
전쟁하다 ☐	손쉽게 이동하다 ☐	

13-2과

천재적 ☐	법을 제정하다 ☐	나라를 다스리다 ☐
강직하다 ☐	연구에 힘쓰다 ☐	인재를 선발하다 ☐
용감하다 ☐	온 힘을 바치다 ☐	체제를 정비하다 ☐
인자하다 ☐	국방을 강화하다 ☐	충성심이 강하다 ☐
지혜롭다 ☐	규범을 제시하다 ☐	지도력이 뛰어나다 ☐
모범을 보이다 ☐	기틀을 마련하다 ☐	여러 분야에 능통하다 ☐

14-1과

실용적 ☐	우아하다 ☐	미적으로 뛰어나다 ☐
간결하다 ☐	장식하다 ☐	인내심이 요구되다 ☐
멋스럽다 ☐	정교하다 ☐	수작업으로 제작하다 ☐
상징하다 ☐	고급스럽다 ☐	고난도 기술이 필요하다 ☐
세련되다 ☐	고풍스럽다 ☐	전통 제작 방식을 고수하다 ☐
수수하다 ☐	특색이 있다 ☐	

14-2과

국적 불명 ☐	논란이 뜨겁다 ☐	동서양을 아우르다 ☐
고유하다 ☐	정체성을 잃다 ☐	세계화에 기여하다 ☐
융합되다 ☐	논란이 가라앉다 ☐	창조적으로 계승하다 ☐
대중화되다 ☐	의견이 엇갈리다 ☐	우려하는 목소리가 높다 ☐
재탄생하다 ☐	전통을 훼손하다 ☐	긍정적/부정적 입장을 가지다 ☐
획일화되다 ☐	가치를 재발견하다 ☐	

평가하기

[1~5] 다음 (　　)에 들어갈 가장 알맞은 것을 고르세요.

1. 성공한 사업가들의 공통점은 사람들을 이끄는 (　　)이 뛰어난 것에서 찾을 수 있다.

   ① 세력　　　② 장식성　　　③ 상징성　　　④ 지도력

2. 산업화가 진행되기 전에는 대부분의 물건을 장인들이 하나하나 정성을 들여서 (　　) 때문에 완성하기까지 오랜 시간이 걸렸다.

   ① 우려했기　　　② 제작했기　　　③ 차지했기　　　④ 교역했기

3. 하루가 멀다 하고 새로운 제품이 쏟아지는 가운데 디자인이 세련되면서도 실제 사용하기에 편리한 (　　)인 제품만이 소비자의 선택을 받고 있다.

   ① 실용적　　　② 지리적　　　③ 창조적　　　④ 중심적

4. 가: 전에 장인이 만든 만년필을 사고 싶다고 했었지? 주문했어?
   나: 주문은 했는데 모두 수작업으로 제작되기 때문에 시간이 오래 걸린다더라고. 얼른 사용하고 싶지만 (　　)을 갖고 기다려야 할 것 같아.

   ① 간결함　　　② 수수함　　　③ 인내심　　　④ 충성심

5. 가: 마트에서 쌀을 사다가 밥을 해 먹었는데 너무 맛있어서 찾아 보니 김포에서 나온 쌀이더라.
   나: 너도 알다시피 예전부터 한강 (　　)의 땅은 농사짓기에 좋았잖아. 김포는 한강 하류에 있어서 예전부터 쌀 생산지로 유명했대.

   ① 유역　　　② 문명　　　③ 분야　　　④ 전쟁

[6~10] 다음 밑줄 친 부분과 의미가 비슷한 것을 고르세요.

6. 한국어와 외국어가 무분별하게 섞여 사용되면서 한국어의 본래부터 가지고 있는 특성이 훼손되고 정체성도 잃어 가고 있다.

① 국적이　　　② 가치가　　　③ 천재성이　　　④ 고유성이

7. 대학생들에게 존경받는 인물로 뽑힌 정이훈 총리는 세계 평화에 도움을 준 공로를 인정받아 노벨 평화상을 수상한 바 있다.

① 기여한　　　② 강화한　　　③ 제정한　　　④ 마련한

8. 환경 문제에 대해 의논하고자 참석한 국제회의에서 각 나라 대표들은 자국의 이익이 우선이라는 입장을 강하게 지키고 있다.

① 선발하고　　　　　　　　② 고수하고
③ 계승하고　　　　　　　　④ 운송하고

9. 그 나라는 주변 나라를 통일하며 전성기를 맞이했지만 귀족들의 부정부패로 결국 힘을 잃고 사라지게 되었다.

① 발달하게　　　　　　　　② 정비하게
③ 요구하게　　　　　　　　④ 멸망하게

10. 스마트폰은 이제 초등학생들까지 사용할 만큼 많은 사람에게 널리 퍼졌다.

① 세계화되었다　　　　　　② 획일화되었다
③ 대중화되었다　　　　　　④ 고급화되었다

[11~13] 다음 (   )에 공통적으로 들어갈 단어를 고르세요.

11.
- 통증이 (   ) 때까지 당분간 운동을 쉬는 게 좋겠다.
- 350년 전에 (   ) 배 안에서 최근 가치가 높은 유물*이 발견되었다.
- 여럿이 모인 가운데 (   ) 분위기를 살릴 때에는 노래를 부르는 것이 제일 좋은 방법이다.

① 거치다　　　② 보이다　　　③ 가라앉다　　　④ 제시하다

12.
- 대상을 수상한 조각품은 주재료인 실을 일부러 (   ) 해서 만든 것이다.
- 이번에 일어난 사고에 대해 경찰과 사회학자가 바라보는 시각이 달라 의견이 (   ).
- 한국에 오신 부모님을 마중 나갔는데 서로 길이 (   ) 바람에 한참 후에야 만날 수 있었다.

① 엇갈리다　　　② 발생하다　　　③ 아우르다　　　④ 다스리다

13.
- 외로운 어린 시절을 보낸 그는 어릴 때부터 항상 화목한 가정을 (   ) 싶어 했다.
- 자기 주도력이 강한 아이들은 어릴 때부터 스스로 계획을 세우면서 꿈을 (   ) 노력한다.
- 지리적 이점이 많은 강 유역을 차지하는 것은 역사적으로 전성기를 (   ) 빠른 방법이었다.

① 힘쓰다　　　② 이루다　　　③ 유리하다　　　④ 맞이하다

[14~15] 밑줄 친 부분이 어색한 것을 고르세요.

14. ① 우리 전통의 멋을 살린 건축물에서 고풍스러움이 느껴진다.
② 김 박사가 이끄는 과학 연구 팀은 신약*을 개발하기 위해서 온 힘을 바치고 있다.
③ 벽을 칠하고 가구 배치를 다시 하니 낡고 오래된 공간이 새로운 모습으로 재탄생했다.
④ 상반기에 새로 선보이는 자동차는 기존 모델에 다양하고 화려한 장식을 추가해 간결하다.

15. ① 서로 다른 두 나라의 문화를 하나로 융합하는 것은 쉬운 일이 아니다.
② 이번 패션쇼에서 소개된 스카프는 전통 문양*으로 디자인돼 매우 멋스러웠다.
③ 정교한 예술 작품을 보고 있으니 그것을 완성하기까지 들인 작가의 노력이 느껴졌다.
④ 우리 사장님은 항상 직원들을 챙겨 주시고 잘못을 하더라도 감싸 주시는 강직한 분이다.

유물: 앞선 시대에 살았던 사람들이 후대에 남긴 물건.　　**신약**: 새로 발명한 약.　　**문양**: 물건이나 옷을 장식하기 위한 여러 가지 모양.

문법과 표현
Grammar & Expression

▶ 정리하기

다음에서 알고 있는 문법과 표현에 ✔ 해 보세요.

13-1과

동-으려야 동-을 수(가) 없다	☐ 물가가 너무 올라서 돈을 **아끼려야 아낄 수가 없다**.
동형-은들, 명인들	☐ 경기가 이렇게 안 좋은데 대학을 **졸업한들** 취직할 수 있겠어요?

13-2과

동형-기에, 명이기에	☐ 티셔츠가 **저렴하기에** 사는 김에 동생 주려고 하나 더 샀다.
동형-어서야	☐ 할 일이 너무 많아서 새벽이 **되어서야** 겨우 잠들 수 있었다.

14-1과

동형-길래, 명이길래	☐ 철수가 앞에서 **걸어가길래** 이름을 불렀어요.
동-기조차, 명조차	☐ 요즘은 너무 바빠서 해외여행은커녕 국내 **여행조차** 어려운 상황이다.

14-2과

동-는 가운데, 형-은 가운데	☐ 비가 **내리는 가운데** 공연은 계속되었고 관객들도 자리를 지켰다.
동-는 만큼, 형-은 만큼, 명인 만큼	☐ 온 국민이 열정적으로 **응원하는 만큼** 좋은 성과가 있었으면 합니다.

▶ 평가하기

[1~2] 다음 (   )에 들어갈 가장 알맞은 것을 고르세요.

1.
> 돈을 벌기 위해 사람들의 눈을 속여 물건을 파는 사람이 날로 증가하고 있다. 하지만 그들을 처벌할 수 있는 법은커녕 제한하는 (   ) 없다.

① 규제조차　　② 규제인들　　③ 규제이기에　　④ 규제인 만큼

2. 　　　행사가 (　　　　　　) 무슨 문제가 생겼는지 사람들이 수군대기* 시작했다.

① 진행된 이상　　　　　　　　② 진행된 나머지
③ 진행되거나 하면　　　　　　④ 진행되는 가운데

[3~4] 다음 밑줄 친 부분과 의미가 비슷한 것을 고르세요.

3. 　　　올겨울은 지난겨울 대비 기온이 영하로 내려가는 일이 빈번하고 폭설이 올 확률도 <u>높다기에</u> 방한용품*을 구매했다.

① 높다든가　　　　　　　　　② 높다길래
③ 높고 해서　　　　　　　　　④ 높은 탓에

4. 　　　저소득층의 생활을 지원하기 위한 정책을 <u>마련한들</u> 정부에서 시행하지 않으면 아무 소용이 없다.

① 마련해도　　　　　　　　　② 마련할 뿐
③ 마련함에 따라　　　　　　　④ 마련하면 몰라도

[5~7] 알맞은 표현을 골라서 대화를 완성하세요.

> -길래　　　　-는 만큼　　　　-어서야　　　　-으려야 -을 수 없다

5. 가: 음식이 입에 맞나 봐요. 좀 더 드릴까요?
　 나: 벌써 두 그릇이나 먹었어요. 배가 불러서 더 이상 _____.

6. 가: 제주도에서 늦게 출발했어요? 예상한 것보다 도착이 늦었네요.
　 나: 갑자기 폭우가 쏟아진 탓에 출발 시간이 지연돼서 세 시간이나 _____ 비행기를 탈 수 있었어요.

7. 가: 다음 달부터 영화 관람료가 30% 정도 인상될 거래요.
　 나: 관람료가 _____ 관객들에게 더 좋은 서비스가 제공되면 좋겠네요.

수군대다: 남이 알아듣지 못하도록 낮은 목소리로 자꾸 이야기하다.　**방한용품**: 추위를 막기 위한 물품.

듣기 Listening

[1] 다음을 듣고 질문에 답하세요.

1. 일화 속 인물에 대한 여자의 생각으로 알맞은 것을 고르세요.

   ① 다른 사람의 일에 신경을 쓰지 않는 무관심한 사람이다.
   ② 어떤 일을 망설이기만 하고 결단을 내리지 못하는 사람이다.
   ③ 자신과 다른 입장의 이야기도 잘 듣는 마음이 넓은 사람이다.
   ④ 비난받는 것을 싫어해서 다른 사람의 의견을 잘 받아들이는 사람이다.

[2~3] 다음 대화를 듣고 질문에 답하세요.

2. 여자의 중심 생각으로 알맞은 것을 고르세요.

   ① 홍보 영상에는 유명인이 나올 필요가 있다.
   ② 퓨전 국악보다는 전통 국악을 지키는 게 우선이다.
   ③ 우리나라의 대표 명소를 적극적으로 홍보해야 한다.
   ④ 전통을 현대적으로 재해석해 좋은 결과를 가져왔다.

3. 들은 내용과 일치하는 것을 고르세요.

   ① 전통 국악은 젊은 세대의 문화와 잘 맞는다.
   ② 퓨전 국악은 서양에서는 큰 인기를 얻지 못하고 있다.
   ③ 기존의 홍보 영상은 연예인이 나오지 않아 인기가 없었다.
   ④ 올해 홍보 영상은 지금까지의 홍보 영상 중에서 가장 많은 사람이 봤다.

[4~5] 다음 교양 프로그램을 듣고 질문에 답하세요.

4. 이 프로그램에서 소개하는 사람에 대한 설명으로 알맞은 것을 고르세요.

   ① 소반을 만들기 시작한 지 얼마 안 되었다.
   ② 아버지께서 시작하신 일을 가업*으로 이어받았다.
   ③ 소반이 미래에도 존재하도록 다양한 노력을 하고 있다.
   ④ 조상들이 쓰던 작은 밥상을 비롯해서 식탁도 제작한다.

소반

5. 들은 내용과 일치하는 것을 고르세요.

   ① 우리 조상들은 주로 의자에 앉아 생활했다.
   ② 현대인들은 전통 문양을 아름답다고 느끼지 않는다.
   ③ 소반 장인은 모두 역사 속으로 사라져서 현재 존재하지 않는다.
   ④ 식탁을 사용하는 비율이 늘면서 소반은 주변에서 보기 힘든 물건이 되었다.

 가업: 한 집안에서 대를 이어 하는 사업.

읽기 Reading

[1~2] 다음 글을 읽고 질문에 답하세요.

10월 3일은 대한민국의 5대 국경일* 중 하나인 개천절입니다. 개천절은 한반도에 자리 잡은 첫 국가였던 고조선의 건국을 기념하는 날로 '하늘이 열린 날'이라는 뜻을 가지고 있습니다.

고조선에는 다음과 같은 건국 신화*가 전해져 내려옵니다. 아주 먼 옛날 하늘의 왕인 환인의 아들 환웅은 바람, 비, 구름을 다스리는 신과 함께 땅에 내려왔습니다. 하루는 곰과 호랑이가 환웅을 찾아와 사람이 되게 해 달라고 빌었습니다. 환웅은 그들에게 100일 동안 동굴에서 쑥과 마늘만 먹으면 사람이 될 수 있다고 했습니다.

호랑이는 견디지 못하고 100일이 되기 전에 포기했지만 곰은 끝까지 참아 내어 인간 여자가 되었습니다. 여자가 된 곰은 환웅과 결혼해 아이를 낳았는데 이 아이가 바로 고조선을 세운 단군입니다. 단군은 1,500년 동안 나라를 평화롭게 다스렸습니다.

1919년 대한민국 임시* 정부는 개천절을 우리나라 국경일로 정했습니다. 나라가 어려울 때 '하늘을 열었던' 우리 역사의 출발을 생각하며 온 국민이 한마음으로 이겨 내고자 했던 것입니다.

1. 이 글의 제목으로 알맞은 것을 고르세요.

① 건국 신화의 가치 ② 한국의 5대 국경일
③ 고조선의 건국과 멸망 ④ 개천절의 유래와 의미

2. 이 글의 내용과 일치하는 것을 고르세요.

① 고조선은 한반도에 건국된 첫 번째 나라이다.
② 단군은 바람, 비, 구름의 신과 함께 세상에 내려왔다.
③ 한국인은 1,500년 동안 개천절을 국경일로 기념해 왔다.
④ 곰과 호랑이는 100일 동안 쑥과 마늘만 먹어 사람이 되었다.

 국경일: 나라의 기쁜 일을 기념하기 위한 날. **건국 신화**: 나라의 기원, 건국 등을 신성화한 이야기.
임시: 미리 정하지 않고 그때그때 필요에 따라 정한 것.

[3~5] 다음 글을 읽고 질문에 답하세요.

세계 여러 나라의 정상*들이 만날 때는 나라 간의 우호* 관계를 강화하기 위해 선물을 교환하곤 한다. 이때 동서양을 막론하고 가장 많이 주고받는 선물은 자국의 문화적 특색이 드러나는 물품이다. 우리나라 역시 한국 고유의 아름다움을 알릴 수 있는 전통 공예품을 선물하는 경우가 많았다. 지금까지의 선물을 살펴보면 도자기, 태권도복, 수저 등 그 종류가 다양했으나 그중에서도 가장 인기 있는 것을 꼽으라면 나전 칠기라고 할 수 있다.

나전 칠기는 조개껍데기 조각을 여러 형태로 붙인 후 옻칠을 하여 장식한 것을 가리킨다. (㉠) 또한 전자 제품을 나전 칠기로 장식하여 선물하기도 했는데, 서울에서 열렸던 회의에 참석한 각국 정상에게 나전 칠기로 꾸민 휴대용 피시를 선물했던 것이 그 예이다. (㉡)

안타깝게도 이 정교하고 아름다운 공예 기법*은 고난도의 기술이 요구되는 반면 이 기술만으로는 기본적인 생활을 유지하기조차 힘들다. (㉢) 경제적인 보상이 적다 보니 기술을 배우겠다는 젊은 세대는 가뭄에 콩 나듯 거의 나타나질 않는다. (㉣) 고유한 나전 칠기 기법이 미래에 계승되지 못할지도 모른다는 우려가 현실이 되고 있는 것이다. 우리 모두가 전통 공예에 관심을 가져야 하는 이유가 여기에 있다.

3. 이 글의 중심 생각으로 알맞은 것을 고르세요.
   ① 국가 간에 전통 공예 기법을 교류하는 것이 바람직하다.
   ② 다양한 제품을 장식하는 데 나전 칠기를 적극 활용해야 한다.
   ③ 한국의 아름다움을 알리기 위해 전통 공예품을 홍보할 필요가 있다.
   ④ 나전 칠기의 제작 기법이 미래에도 이어질 수 있도록 모두 관심을 가져야 한다.

4. 이 글에서 보기 의 글이 들어가기에 가장 알맞은 곳을 고르세요.

   보기   독특한 빛과 뛰어난 아름다움을 지닌 만큼 시계, 보석함, 그릇 등 다양한 물품으로 만들어져 선물되었다.

   ① ㉠   ② ㉡   ③ ㉢   ④ ㉣

5. 이 글의 내용과 일치하는 것을 고르세요.
   ① 나전 칠기 기술을 갖추면 높은 경제적 보상을 받을 수 있다.
   ② 나전 칠기 기술을 배우려는 젊은 세대가 늘어나는 추세이다.
   ③ 각국 정상들은 서로 자국의 문화를 잘 드러내는 물품을 선물하곤 한다.
   ④ 한국 대통령은 해외에 나갈 때 전통 공예로 꾸민 휴대용 피시를 선물용으로 가져갔다.

 정상: 한 나라에서 가장 높은 자리에 있는 사람.   우호: 개인끼리나 나라끼리 서로 사이가 좋음.   기법: 훌륭한 기술과 방법.

쓰기 Writing

✏️ **다음 주제로 글을 쓰세요. (500자 이상)**

전통문화가 현대 문화와 만나 사람들에게 좋은 반응을 얻은 사례를 써 보세요.

아래 어휘 중에서 세 가지 이상을 사용하세요.

융합되다, 대중화되다, 재발견하다, 재탄생하다, 동서양을 아우르다, 세계화에 기여하다, 창조적으로 계승하다

말하기 과제
Speaking Task

✎ **세계의 인류 무형 문화유산을 조사하여 발표해 봅시다.**

> **준비하기** 조별로 모여 발표할 무형 문화유산을 정해 보세요.

아리랑 국가: 대한민국 등재: 2012년 	**김장** 국가: 대한민국 등재: 2013년 
탱고 국가: 아르헨티나, 우루과이 등재: 2009년 	**침구술(전통 의술)** 국가: 중국 등재: 2010년 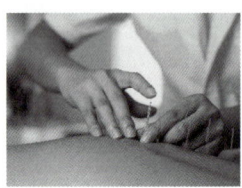
레이스 공예 국가: 크로아티아 등재: 2009년 	**생강 쿠키 제빵 기술** 국가: 크로아티아 등재: 2010년 
나담(전통 축제) 국가: 몽골 등재: 2010년 	**인간 탑 쌓기** 국가: 에스파냐 등재: 2010년 
콘(가면 춤극) 국가: 태국 등재: 2018년 	국가: 등재:

> **활동하기**

1. 발표 주제로 선택한 무형 문화유산에 대해 어떤 자료를 검색해야 할까요? 생각해 보세요.

유래 및 역사   특징   의미 및 가치   ?

2. 검색한 자료를 발표할 내용에 맞게 정리해 보세요.

무형 문화유산	
선정 이유	
유래 및 역사	
특징	
의미 및 가치	

발표하기 조별로 조사한 무형 문화유산에 대해 발표해 보세요.

저희 조에서 조사한 무형 문화유산은 _____ 입니다.
이 무형 문화유산을 선정한 이유부터 말씀드리면….

평가하기 각 조의 발표를 듣고 평가표에 따라 평가해 보세요.

적절한 발표 주제를 선정했다.	☆☆☆☆☆
발표 주제가 잘 드러나도록 발표 내용을 구성했다.	☆☆☆☆☆
발표 내용을 명확하게 전달했다.	☆☆☆☆☆
발표 내용을 효과적으로 전달할 수 있는 자료를 활용했다.	☆☆☆☆☆
친구들의 질문에 적절하게 답변했다.	☆☆☆☆☆

15

대중문화의 힘

- **15-1** 문화의 영향력
- **15-2** 콘텐츠의 힘

	어휘	대중문화의 영향력, 선한 영향력
15-1	문법과 표현	동-는답니다, 형-답니다, 명이랍니다
		형-으나마, 명이나마
	어휘	대중문화 콘텐츠, 감상과 비평
15-2	문법과 표현	명을 바탕으로
		동형-어서인지, 명이어서인지

어휘 Vocabulary

1. 관계있는 것끼리 연결하고 문장을 완성해 보세요.

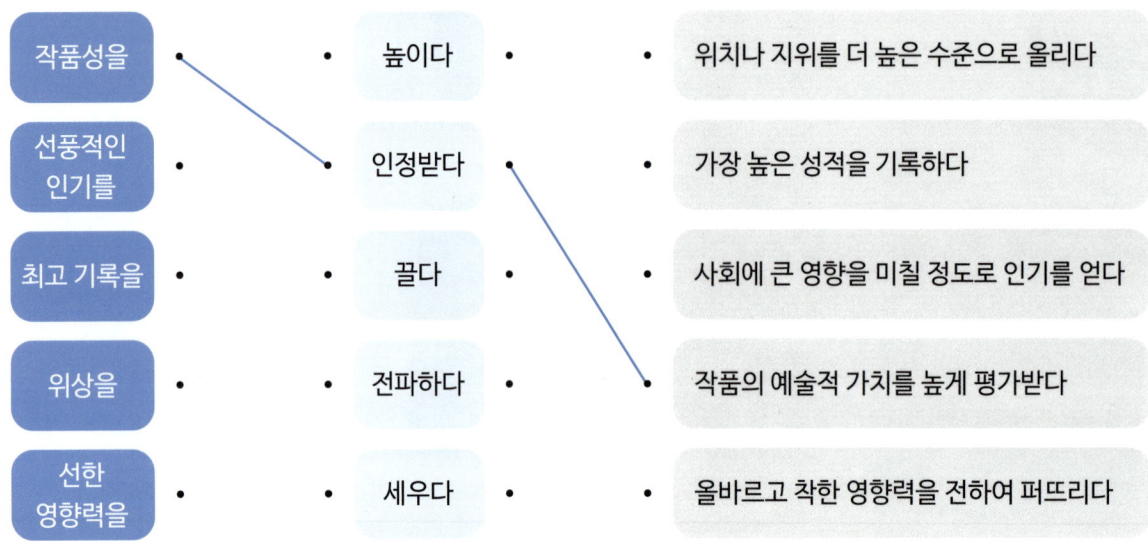

1) 영화 '삶과 죽음'은 국제 영화제에서 그 작품성을 인정받으며 작품상을 수상했다.

2) 야외 활동을 즐기는 사람이 늘면서 외출복으로도 입을 수 있는 감각적인 디자인의 운동복이 _____.

3) 이번 대통령 선거의 투표율은 85.93%로 역대 _____.

4) 올림픽을 성공적으로 개최한 것은 그 나라의 _____ 계기가 되었다.

5) 가수 정지성이 앨범 판매 수익금을 희귀병 환자들을 위해 기부함으로써 _____.

2. 알맞은 말을 골라 대화를 완성해 보세요.

기부하다	(기증하다)	입양하다
봉사 활동을 하다	선행에 앞장서다	캠페인에 참여하다

1) 가: 이 표시는 뭐예요? 제 신분증에는 없는데….
   나: 이건 만약 저에게 문제가 생겨 사망하게 되었을 때 장기*를 기증하겠다는 표시예요. 본인이 신청하면 신분증에 표시를 해 줘요.

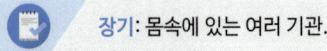 장기: 몸속에 있는 여러 기관.

2) 가: 우리 대학에 큰돈을 _____ 할아버지 기사 봤어요?
   나: 네. 과일 장사를 하면서 평생 모으신 돈을 형편이 안 좋은 학생들을 위해 써 달라고 하셨대요. 정말 대단하신 분이에요.

3) 가: 고양이가 정말 예쁘네요. 저도 한 마리 키우고 싶은데 돈 주고 사기는 좀 망설여져요.
   나: 저는 유기 동물 보호소에서 _____. 보호소 인터넷 사이트가 있는데 관심 있으면 알려 줄게요.

4) 가: 사람들이 얼음물을 뒤집어쓰는 영상을 본 적이 있어요?
   나: 루게릭병 환자들을 위한 _____ 영상 말이죠? 그 영상이 루게릭병을 알리는 데 큰 도움이 된 것 같아요.

5) 가: 학과 게시판을 보니까 통역 _____ 사람을 모집한다고 하던데 같이 할래요? 도움이 필요한 외국인을 위해 통역을 해 주는 일이래요.
   나: 보람 있겠네요. 같이 신청해요.

6) 가: 가수 제트의 팬들이 어려운 이웃을 위해 1억 원을 기부했대요.
   나: 가수 제트도 꾸준히 불우 이웃을 위해 기부하고 봉사 활동을 하는 등 _____ 왔잖아요. 그 가수에 그 팬이네요.

3. 알맞은 말을 골라 글을 완성해 보세요.

> 메시지를 전하다   사회 공헌 활동을 하다   찬사를 받다   (호평을 받다)

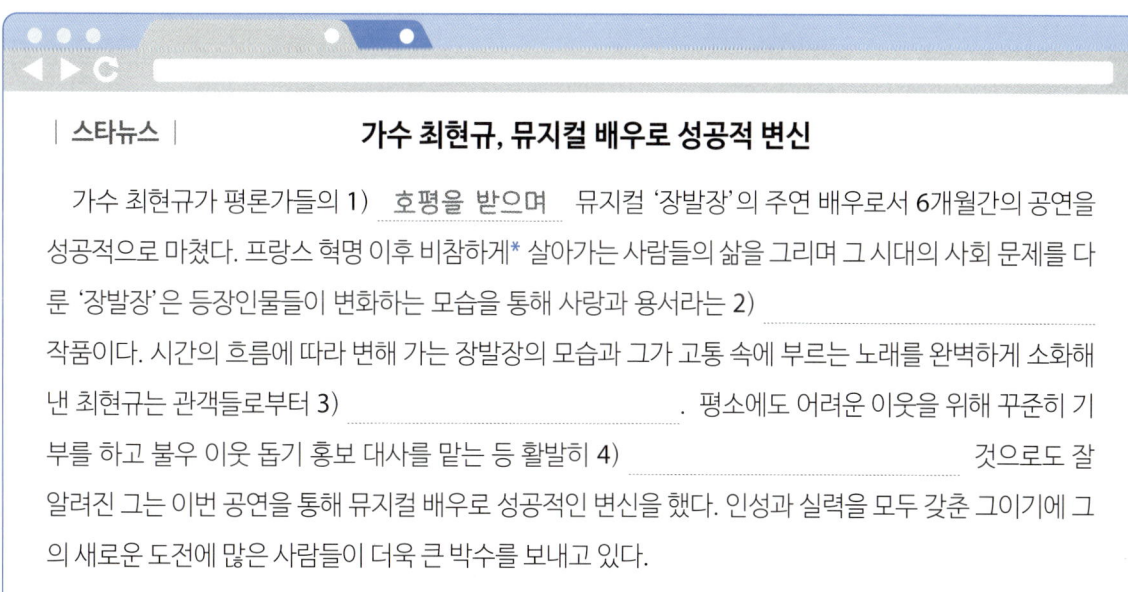

| 스타뉴스 | **가수 최현규, 뮤지컬 배우로 성공적 변신**

  가수 최현규가 평론가들의 1) _호평을 받으며_ 뮤지컬 '장발장'의 주연 배우로서 6개월간의 공연을 성공적으로 마쳤다. 프랑스 혁명 이후 비참하게* 살아가는 사람들의 삶을 그리며 그 시대의 사회 문제를 다룬 '장발장'은 등장인물들이 변화하는 모습을 통해 사랑과 용서라는 2) _____ 작품이다. 시간의 흐름에 따라 변해 가는 장발장의 모습과 그가 고통 속에 부르는 노래를 완벽하게 소화해 낸 최현규는 관객들로부터 3) _____. 평소에도 어려운 이웃을 위해 꾸준히 기부를 하고 불우 이웃 돕기 홍보 대사를 맡는 등 활발히 4) _____ 것으로도 잘 알려진 그는 이번 공연을 통해 뮤지컬 배우로 성공적인 변신을 했다. 인성과 실력을 모두 갖춘 그이기에 그의 새로운 도전에 많은 사람들이 더욱 큰 박수를 보내고 있다.

비참하다: 더할 수 없이 슬프고 끔찍하다.

문법과 표현 ❶   동-는답니다, 형-답니다, 명이랍니다

1. 그림을 보고 문장을 완성해 보세요.

1)

저는 이제 바쁜 일을 다 마무리 짓고 오늘부터 일주일 동안 <u>멀리 휴가를 떠난답니다</u>. 여러분, 잘 쉬고 충전해서 돌아올게요. 기다려 주세요.

2)

이 케이크는 어머니께서 제 생일날 만들어 주신 _____.

3)

옛날 옛날에 가난하지만 착한 흥부와 돈은 많지만 마음씨가 나쁜 놀부가 _____.

4)

그동안 열심히 일하고 저축해서 드디어 _____
_____. 같이 구경하실래요? 온라인 집들이 지금부터 시작합니다.

5)

여러분, 지금 이곳에서 열리고 있는 축제가 무슨 축제인지 아십니까? 바로 _____.
이제 곧 수많은 불꽃들이 밤하늘을 수놓을 예정입니다.

2. 빈칸에 들어갈 말을 골라 위 문법을 사용하여 알맞게 써 보세요.

시민 공원이다   일품*이다   (준비하다)   산책하기에도 좋다   운영하고 있다

하나 블로그 ♡♥♡
내 블로그 | 이웃 블로그 | 블로그 홈

안녕하세요? 오늘은 우리 동네에 대한 이야기를 1) <u>준비했답니다</u>. 온라인 집들이를 한 게 엊그제 같은데 제가 이사를 온 지도 벌써 1년이 되었어요. 이제 이곳에 대해 잘 알게 됐으니 동네에서 인기 많기로 손꼽히는 장소 두 곳을 소개해 드릴게요.

가장 먼저 소개할 곳은 칼국수를 파는 집인데요. 이 식당은 무려 50년째 3대에 걸쳐 식당을 2) _____. 메뉴는 칼국수와 왕만두 딱 두 가지로 아주 간단해요. 음식의 종류가 단순해서 주문하는 데 고민할 필요가 없고, 음식이 나오는 데에도 시간이 오래 걸리지 않습니다. 식당은 50년 전에 지어진 한옥이라 곳곳에서 지난 세월이 느껴집니다. 오랫동안 운영해 온 맛집인 만큼 여러분도 한번 방문해 보셨으면 합니다.

다음으로 소개할 곳은 동네 사람들이 즐겨 찾는 3) _____. 이 공원 덕분에 우리 동네가 더 살기 좋은 곳이 됐다고 해도 과언이 아닙니다. 운동 기구가 잘 갖춰져 있어 운동하기에도 좋을뿐더러 공원 내에 전시된 예술 작품도 감상할 수 있어 4) _____. 계절에 따라 바뀌는 공원의 모습이 아주 볼만하니까 우리 동네에 오시면 시민 공원에도 꼭 한번 들러 보세요.

여러분 동네에 대한 이야기도 궁금하니 댓글에 많이 남겨 주세요.

↳ **민하** 앗! 그 식당 저도 지난주에 갔다 왔어요. 맛이 정말 5) _____.
↳ **미소** 칼국수를 좋아하는데 먹어 보고 싶네요. 다녀와서 후기 공유할게요.

3. 위 문법을 사용하여 다음 내용을 소개해 보세요.

| 자국의
명절이나 기념일
(먹는 음식, 입는 옷, 하는 일 등) | 좋아하는
소설이나 드라마
(제목, 줄거리, 장르 등) | 소중히
간직하고 있는 물건
(용도, 사용법, 의미 등) | ? |

 한국의 명절 중 설날은 아이들이 좋아하는 명절이랍니다. 설날에는 어른들께 세배하고 세뱃돈을 받습니다. 설날 아침에는 꼭 떡국을 먹어야 하는데요. 떡국을 먹는 것은 나이를 한 살 더 먹는다는 것을 의미한답니다. 설날에….

 일품: 품질이나 상태가 가장 뛰어남. 또는 그런 물품.

문법과 표현 2   형-으나마, 명이나마

1. 알맞은 말을 골라 대화를 완성해 보세요.

> 일부   조금씩   (작은 정성)   짧은 시간   부족하다

1) 가: 형편이 어려운 아이들을 위해 30년 동안 꾸준히 기부를 하셨는데요. 긴 세월 동안 변함없는 정성에 깊은 감동을 받았습니다.
   나: 아닙니다. <u>작은 정성이나마</u> 아이들에게 도움이 되기를 바라는 마음으로 기부한 것뿐입니다.

2) 가: 30분 정도 잔 것 같은데 두통은 좀 어때?
   나: _____ 자고 일어났더니 두통이 사라져서 좋아요.

3) 가: 이 빗은 누가 사용하던 거예요?
   나: 여기 있는 유물은 모두 공주가 사용하던 물건입니다. 이 물건들을 통해 당시 공주가 살았던 모습을 _____ 살펴볼 수 있습니다.

4) 가: 빨리 회복이 되어야 할 텐데요.
   나: _____ 나아지고 있으니 너무 걱정하지 마세요.

5) 가: 우리 학교 홍보 대사로 선정되었는데 어떤 자세로 활동하시겠습니까?
   나: 최선을 다해 활동하여 학교 홍보에 _____ 도움이 되고 싶습니다.

2. 알맞은 말을 골라 문장을 완성해 보세요.

> (늦게)   멀리에서   모바일로   이렇게   짧게

1) 몇 년 전부터 시행된 노후 차량 운행을 제한하는 제도가 공기 질을 개선하는 데에 <u>늦게나마</u> 효과를 보이고 있다.

2) 학교 후배의 얼굴을 본 지가 너무 오래돼서 학교에 간 김에 만나면 좋을 것 같다. 시간이 많지는 않지만 학교에서 볼일을 마친 후에 _____ 보려고 한다.

3) 시청 앞 광장에서 공연을 했는데 사람이 너무 많아 가까이서 볼 수는 없었지만 _____ 노래를 들을 수 있어서 좋았다.

4) 결혼 준비 때문에 정신없이 바쁘다. 직접 만나 청첩장을 드리는 것이 예의지만 만나지 못하는 분들께는 _____ 결혼 소식을 전하려고 한다.

5) 이번에 회사에서 중요한 계약을 할 때 내가 통역을 했는데 사장님께 잘했다는 칭찬을 받았다. 내가 한국에 처음 왔을 때부터 여러 도움을 주셨던 사장님께 _____ 보답할 수 있어 기쁘다.

3. 위 문법을 사용하여 이야기해 보세요.

> 학기를 마무리하며 교수님께 감사의 인사를 전합니다.

교수님, 이번 학기 동안 좋은 강의를 해 주셔서 감사합니다. 이메일로나마 감사의 인사를 전합니다.

> 봉사 활동에 지원하려고 합니다. 봉사 단체 관계자에게 앞으로의 각오를 밝힙니다.

> 한국에서 산 선물을 지인에게 주며 이야기합니다.

어휘 Vocabulary

1. 관계있는 것끼리 연결하고 문장을 완성해 보세요.

실화를	제공하다	사람들이 즐겁게 구경할 만한 것을 보여 주다
소설을	원작으로 하다	소설을 원래의 작품으로 하여 연극이나 영화 등을 만들다
명곡*을	떠올리게 하다	자기도 그렇다는 느낌이 들게 하다
볼거리를	불러일으키다	유명한 곡을 새롭게 다시 만들다
공감을	리메이크하다	실제 있었던 일을 기초로 하다
추억을	바탕으로 하다	지나간 일을 다시 생각나게 하다

1) 이 작품은 장애를 가진 주인공이 성공하는 모습을 그리고 있는데 차진우라는 실제 인물의 삶을 드라마로 제작한 것이다. <u>실화를 바탕으로 한</u> 작품이라서 더 깊은 감동을 준다.

2) _____ 영화는 소설을 읽으며 상상했던 장면들이 영화에서는 충분히 표현되지 않아 실망스러운 경우가 종종 있다.

3) 그 가수는 1990년대에 유행했던 _____ 앨범을 내놓았는데 30·40대를 중심으로 큰 인기를 끌었다.

4) 뮤지컬 '조선'은 조선 시대를 옮겨 놓은 듯한 무대, 아름다운 의상과 전통 춤으로 다양한 _____ 예정이다.

5) 어제 발표된 신곡*은 연인과의 이별 후 힘겨워하는 내용을 담은 가사로 사람들의 _____ 있다.

6) 고향에서 만난 초등학교 동창들과 나누는 이야기는 어린 시절 _____ .

명곡: 뛰어나거나 유명한 음악. 　신곡: 새로 지은 음악.

2. 빈칸에 공통적으로 들어갈 말을 골라 알맞게 써 보세요.

| 돋보이다 | 사로잡다 | 재현하다 | 참신하다 |

1) 배우의 뛰어난 눈물 연기는 영화의 마지막 장면을 더욱 <u>돋보이게</u> 했다.
   감각적인 영상미가 <u>돋보이는</u> 빛나의 뮤직비디오는 하루 만에 조회 수 100만을 달성했다*.

2) 회의에서 나온 _____ 아이디어를 반영하여 광고를 제작하기로 했다.
   드라마 '마녀'는 소재가 일반적이지 않고 _____ 점에서 주목받고 있다.

3) 그는 뛰어난 가창력*과 연기력으로 뮤지컬을 보는 관객의 마음을 _____.
   소비자의 입맛을 _____ 위해 새로운 메뉴를 개발하는 데 노력을 기울이고 있다.

4) 민속촌은 조선 시대 마을의 모습을 _____ 놓은 곳으로, 가족끼리 나들이* 가기 좋다.
   신라의 도시 경주에서는 이달부터 11월까지 매주 토, 일 낮 두 시에 신라 여왕의 행차*를 _____.

3. 알맞은 말을 골라 글을 완성해 보세요.

| 명대사 | 명장면 | 연기력 | 연출력 | 완성도가 높다 | 위안을 주다 |

댓글 200개   최신순 | 과거순 | 공감순

눈물 나는 밤 2시간 전
마지막 회가 끝났다는 게 믿기지 않아요. 딸이 아버지를 안아 주는 마지막 장면은 정말 1) <u>명장면이었어요</u>. 요즘 사는 게 좀 힘들다고 느꼈었는데 이 드라마가 저에게 큰 2) _____. 감사합니다.

드라마 사랑 3시간 전
마지막 화에서 아버지가 돌아가실 때 아들이 "아버지, 모든 순간 당신을 사랑했습니다."라고 한 말은 정말 3) _____. 가슴 깊이 남을 겁니다.

정주행 4시간 전
배우분들, 감독님, 스태프분들 정말 수고 많으셨습니다. 드라마 보는 두 달 동안 정말 행복했습니다. 배우분들의 뛰어난 4) _____ 과/와 감독님의 감각적인 5) _____ 덕분에 평생 잊지 못할 명작을 만났습니다. 이렇게 6) _____ 작품을 만들어 주셔서 감사합니다.

 달성하다: 목적한 것을 이루다. **가창력**: 노래를 부르는 능력. **나들이**: 집을 떠나 가까운 곳에 잠시 다녀오는 일.
행차: 나이가 많거나 지위가 높은 사람이 길을 감.

문법과 표현 3 명을 바탕으로

1. 관계있는 것끼리 연결하고 문장을 완성해 보세요.

   1) 목격자*들의 증언* •   • 출제되다*
   2) 신뢰 •   • 올해도 협약*을 맺다
   3) 실화 •   • 제작되다
   4) 중간시험 이후 배운 내용 •   • 두 사람의 잘잘못을 따지다
   5) 입시 결과 •   • 올해 입학 경쟁률을 예측하다

   1) 경찰은 <u>목격자들의 증언을 바탕으로 두 사람의 잘잘못을 따지고 있다</u>.

   2) 10년 동안 거래를 해 온 두 회사는 _____.

   3) 지금 유행하는 드라마는 _____.

   4) 기말시험 문제는 _____.

   5) 작년의 _____.

목격자: 어떤 일을 눈으로 직접 본 사람.　**증언**: 어떤 사실을 증명하는 말.　**출제되다**: 문제가 내어지다.
협약: 같은 목적을 위해 여러 사람이 한 약속.

2. 알맞은 말을 골라 대화를 완성해 보세요.

   경험   상상력   (인터뷰)   인적 자원   전통 기법

   1) 가: 이 영화는 전쟁으로 인한 삶의 변화를 실감 나게 표현한 것 같아요.
      나: 맞아요. 전쟁에 실제로 참여한 인물들의 <u>인터뷰를 바탕으로</u> 제작했기 때문이에요.

   2) 가: 자연 자원이 풍부하지 않은 한국은 _____ 지금의 발전을 이루어 낼 수 있었어요.
      나: 그래서 인재를 양성할 수 있는 교육을 중시하는군요.

   3) 가: 오늘 제가 소개할 작품은 우리 고유의 _____ 만들어진 작품입니다.
      나: 그동안 만들어 오신 작품들과는 달리 전통적인 방식을 사용하셨군요. 멋지네요.

   4) 가: 요즘 인터넷에서 입소문을 타고 있는 건물 봤어요? 아이디어가 정말 대단한 것 같아요.
      나: 저도 봤어요. 그 건물은 7살짜리 아이의 _____ 디자인했다던데 정말 놀랍지요?

   5) 가: 오늘 가수 이지가 새 노래를 발표했다면서요? 어떤 노래인지 들어 봤어요?
      나: 네. 20대 때 자신의 _____ 작사했다고 하는데 가사가 참 좋더라고요.

3. 위 문법을 사용하여 이야기해 보세요.

   • 새로운 기술을 바탕으로 인기 있는 제품 개발에 성공한 예에는 어떤 것이 있을까요?
   • 실화를 바탕으로 한 영화/드라마/소설을 알아요?
   • 풍부한 상상력을 바탕으로 무엇을 할 수 있을까요?

새로운 기술을 바탕으로 인기 있는 제품 개발에 성공한 예에는 어떤 것이 있을까요?

새로운 기술을 바탕으로 인기 있는 제품 개발에 성공한 예로 무선 이어폰을 들 수 있어요. 무선 이어폰은 선이 없어서 사용하기 편할뿐더러 소음을 차단하는 기능도 있어서 사람들에게 큰 인기를 끌었어요.

문법과 표현 ❹ 동형-어서인지, 명이어서인지

1. 관계있는 것끼리 연결하고 문장을 완성해 보세요.

1) 미세 먼지 농도가 높다 • • 기분이 한결 나아지다

2) 취향이 다르다 • • 코피가 나다

3) 국제 유가가 오르다 • • 앞을 뚜렷하게 볼 수 없을뿐더러 눈도 따갑다

4) 날이 화창하다 • • 대중교통이나 자전거를 이용해서 출퇴근하는 사람이 늘다

5) 좀 무리를 하다 • • 쇼핑할 때마다 항상 의견이 엇갈리다

1) 오늘 _미세 먼지 농도가 높아서인지 앞을 뚜렷하게 볼 수 없을뿐더러 눈도 따갑다_ .

2) 나와 내 친구는 _____ .

3) 최근에 _____ .

4) 오늘 아침까지도 기분이 별로였는데 _____ .

5) 요즘에 _____ .

2. 다음과 같이 대화를 완성해 보세요.

1) 가: 대학원 생활이 힘들다더니 지금은 좀 적응했어?
   나: 처음에는 _익숙하지 않아서 그런지_ 힘들었는데 지금은 괜찮아.

2) 가: 수현 씨 주변에는 항상 친구들이 많네요.
   나: 수현 씨가 _____ 수현 씨를 좋아하는 친구들이 많아요.

3) 가: 새벽에는 무슨 일로 응급실에 갔던 거야?
   나: 저녁에 _____ 배탈이 났었어.

4) 가: 새로 나온 전기 자동차를 사려고 하는데 오래 기다려야 한대.
   나: 맞아. _____ 6개월 넘게 기다려야 한다고 하더라.

5) 가: 어머니께서 어제도 손에 지갑을 들고는 지갑이 없어졌다고 한참 찾으셨다면서요?
   나: 네. _____ 자주 깜빡깜빡하시는데 걱정이에요.

3. 위 문법을 사용하여 이야기해 보세요.

- 요즘 온라인 게임을 좋아하는 사람이 참 많은 것 같아요. 이유가 뭘까요?
- 요즘 어떤 직업이 인기가 많아요? 왜 그런 것 같아요?
- 요즘 사람들은 어떤 옷차림을 선호해요? 왜 그럴까요?

요즘 온라인 게임을 좋아하는 사람이 참 많은 것 같아요. 이유가 뭘까요?

네. 친구들을 직접 만나지 않아도 온라인에서 함께 게임을 할 수 있어서인지 게임을 하는 사람이 많아진 느낌이에요.

맞아요. 재미도 있고 스트레스도 풀 수 있어서 그런지 성인들도 게임을 많이 하더라고요.

16

과학과 삶

16-1 과학의 힘
16-2 발견과 발명

	어휘	과학 기술, 과학 수사
16-1	문법과 표현	명에 관하여
		동-는 법이다, 형-은 법이다
	어휘	발명과 발견, 전자 제품
16-2	문법과 표현	동형-겠거니 하다, 명이겠거니 하다
		동-기 나름이다, 명 나름이다

어휘 Vocabulary

1. 알맞은 말을 골라 문장을 완성해 보세요.

| 과학 수사 | 생체 모방 | 생체 인식 | ⟨유전자 검사⟩ |

1) 임신 전에 __유전자 검사__ 를 함으로써 부부가 자녀에게 유전될 수 있는 심각한 유전병을 가지고 있는지 확인할 수 있다.

2) _____ 기술을 사용하여 출퇴근 시간을 관리하는 기업이 늘고 있다. 별도의 아이디카드 없이 지문을 인식하여 출근 여부를 확인하기 때문에 편리한 것이 장점이다.

3) 자연의 모습이나 생물의 특성을 따라 새로운 것을 만들어 내는 _____ 기술의 예는 우리 주변에서도 흔히 볼 수 있다. 전신 수영복, 오리발, 비행기 모두 생물을 본떠서* 발명한 것이다.

4) 사건 현장에 남아 있는 증거물을 수집하고 과학적으로 분석해 범인을 밝혀내는 조사 방법을 _____(이)라고 한다.

2. 관계있는 것끼리 연결하고 문장을 완성해 보세요.

> **본뜨다**: 이미 있는 것을 그대로 따라서 만들다.

1) 과학 기술의 발달로 경찰이 여러 <u>미제 사건을 해결하여</u> 많은 범죄 피해자들이 고통을 덜 수 있게 됐다.

2) 이번 화재의 정확한 원인을 밝히기 위해 과학 수사관들과 소방관들이 합동으로 _____ 바 있다.

3) 다른 사람의 말을 몰래 녹음해서 _____ 경우 보통 그 증거는 효력이 없다.

4) 경찰은 사건 현장에서 모든 상황을 본 유일한 _____ 위해 노력하고 있다.

5) 경찰은 사거리에서 발생한 교통사고의 목격자를 만나 목격자의 _____.

6) 경찰은 범인을 직접 본 사람의 진술을 바탕으로 _____ 시민들에게 범인의 모습을 공개했다.

7) 용의자*가 자신이 한 일이 아니라고 하자 경찰은 _____ 위해 거짓말 탐지기 조사를 실시했다.

8) 경찰은 _____ 때 그에게 진술을 거부할 권리가 있음을 알려 줘야 한다.

3. 빈칸에 공통적으로 들어갈 말을 골라 알맞게 써 보세요.

| 묘사하다 | 밝혀내다 | 분석하다 | (수집하다) |

1) 내 취미는 세계 여러 도시를 여행하며 기념품을 <u>수집하는</u> 것이다.
되도록 많은 증거를 <u>수집하기</u> 위해서는 사건 현장을 훼손하지 않는 것이 중요하다.

2) 사건의 진실을 _____ 위해 많은 사람들이 노력하고 있다.
유전자가 어떤 정보를 담고 있는지 _____ 것은 과학사에 오래 남을 업적이다.

3) 목격자는 범인의 생김새를 _____ 시작했다.
이 소설은 의문의 사건을 실감 나게 _____ 점에서 평론가들의 호평을 받았다.

4) 음료의 성분을 _____ 결과 인체에 치명적인 물질이 있음이 밝혀졌다.
창문에 남아 있던 지문을 _____ 범인을 알아낼 수 있었다.

용의자: 범인으로 의심받는 사람.

문법과 표현 ① 명에 관하여

1. 관계있는 것끼리 연결하고 문장을 완성해 보세요.

1) 학교생활 • • 이야기하다
2) 사형 제도 • • 논의할 예정이다
3) 대학교 진학 • • 전반적으로 안내해 드리고자 하다
4) 인생의 아름다움 • • 상담하기로 하다
5) 신제품 홍보 방안 • • 찬반 토론을 할 예정이다

1) 다음으로는 <u>학교생활에 관하여 전반적으로 안내해 드리고자 합니다</u>.

2) 오늘 토론 대회에서는 _____.

3) 진학 담당 선생님을 만나 _____.

4) _____ 홍은희 작가의 새 수필집은 많은 독자들의 공감을 불러일으키고 있습니다.

5) 두 시부터 있을 회의에서 _____ 모두 참석해 주시기 바랍니다.

2. 그림을 보고 알맞은 말을 골라 문장을 완성해 보세요.

> 공유 경제/기사   미세 먼지 관리/특별법   설정 방법/자세한 설명
> (인간관계/재미있는 연구)   홍보 성공 사례/자료

1)

오늘 소개해 드릴 책은 바로 이 책입니다. 이 책은 <u>인간관계에 관한 재미있는 연구를</u> 소개하고 있는데요. 출판과 동시에 큰 인기를 끌었습니다.

2)
이건 _____. 신제품 홍보 방안 보고서 작성할 때 이 자료를 참고해 봐.

3)
이 제품은 사용하시기 전에 몇 가지 설정을 하셔야 하는데요. _____ 제품 설명서에 쓰여 있습니다.

4)
3월 1일부터 _____ 시행될 예정입니다. 특별법이 시행되면 미세 먼지 농도가 높을 경우에 자동차 운행이 제한되며 휴교*를 할 수도 있습니다.

5)
뉴스 읽어 드리는 남자, 이재철입니다. 오늘은 서울신문에서 심층적으로 다루고 있는 _____ 내용을 자세히 살펴보겠습니다.

3. 위 문법을 사용하여 다음 주제에 대해 이야기해 보세요.

| 재미있게 본 영화 | 감명 깊게 읽은 책 | 최근에 본 충격적인 기사 | 자국에만 있는 특별한 법 | ? |

재미있게 본 영화에 관해 이야기해 주세요.

제가 재미있게 본 영화는 빈부 격차에 관한 영화예요. 주제에 비해 영화 분위기가 무겁지 않아서 좋았어요. 영화를 다 보고 난 뒤에는 감독이 관객에게 전하고자 하는 메시지에 관해 생각해 볼 수도 있었고요.

 휴교: 학교가 쉼.

문법과 표현 2 · 동-는 법이다, 형-은 법이다

1. 관계있는 것끼리 연결하고 문장을 완성해 보세요.

   1) 감기에 걸리기 쉽다 • • 그럴 때일수록 침착하게 해결해야 하다
   2) 항상 좋은 일만 있을 수 없다 • • 쉽게 포기하지 않고 끝까지 노력할 필요가 있다
   3) 실수를 하다 • • 건강 관리에 특히 유의해야 하다
   4) 누구나 당황하다 • • 힘든 일을 겪더라도 지혜롭게 풀어 나가야 하다
   5) 꾸준히 노력하면 성공하다 • • 한 번 실수했다고 너무 자책할* 필요는 없다

   1) 환절기에는 <u>감기에 걸리기 쉬운 법이니 건강 관리에 특히 유의해야 한다</u>.

   2) 살다 보면 _____.

   3) 사람은 누구나 _____.

   4) 예상하지 못한 상황에 처하면 _____.

   5) 무슨 일이든지 _____.

2. 알맞은 말을 골라 대화를 완성해 보세요.

   > 나이가 들면 누구나 늙다   무슨 일이든지 처음에는 어렵다   사람의 욕심은 끝이 없다
   > 아무리 맛있는 음식도 매일 먹으면 싫증이 나다   (진실은 반드시 이기다)

   * 자책하다: 스스로 잘못했다고 생각해서 자신을 꾸짖다.

1) 가: 너무 오랫동안 재판을 받으니 몸도 마음도 힘드네요.
   나: <u>진실은 반드시 이기는 법이에요</u>. 힘내세요.

2) 가: 뉴스를 보면 돈 있는 사람들이 돈 욕심이 더 많은 것 같아요.
   나: _____. 현재에 만족하며 사는 사람이 얼마나 있겠어요?

3) 가: 10년 전 사진을 보니까 정말 젊었더라고. 지금은 주름이 너무 많이 생겼어.
   나: _____. 자연스러운 현상이니 너무 속상해하지 마.

4) 가: 이제 라면은 더 이상 못 먹겠어. 한 달 내내 먹었더니 완전히 질렸어.
   나: _____. 건강에도 안 좋으니 다른 음식도 좀 먹어 봐.

5) 가: 취미로 가죽 제품 만드는 법을 배우고 있는데 생각보다 만들기가 훨씬 힘들어요.
   나: _____. 지금은 힘들겠지만 곧 적응이 될 거예요.

3. 위 문법을 사용하여 이야기해 보세요.

- 기억에 남는 명언이 있어요? 그 명언을 왜 좋아해요?
- 부모님이나 조부모님께서 항상 하시던 말씀이나 집안의 가훈*이 있어요?
- 공부나 일 때문에 힘들어하는 친구에게 어떤 말을 해 주면 좋을까요?

기억에 남는 명언이 있어요? 그 명언을 왜 좋아해요?

저는 "처음에는 내가 습관을 만들지만 그다음에는 습관이 나를 만든다."라는 말을 좋아해요. 좋은 습관이 쌓이면 결국 내 삶이 좋은 쪽으로 나아가게 되는 법이라고 생각하거든요. 그래서 평소에도 나쁜 습관은 버리고 좋은 습관을 가지려고 노력하고 있어요.

 가훈: 한 집안의 조상이나 어른이 자손들에게 주는, 윤리적인 기준이 되는 가르침.

어휘 Vocabulary

1. 관계있는 것끼리 연결하고 문장을 완성해 보세요.

불편을	바꾸다	불편한 상태를 해결하여 없애 버리다
생명을	해소하다	전 세계 사람들의 발전을 돕다
인류 발전에	겪다	죽을 위기에 있는 사람을 살리다
획기적으로	구하다	시험적으로 행하고 실패하는 것을 반복하다
시행착오를	기여하다	새로운 시대를 열었다고 할 만큼 뚜렷이 바꾸다

1) 국가는 의사소통의 <u>불편을 해소하기</u> 위해 표준어를 제정하여 온 국민이 사용할 수 있도록 하고 있다.

2) 서울시에서는 물에 빠진 아이의 _____ 시민에게 표창장*을 수여했다.

3) "전기는 현대 문명의 시작이다."라는 말에서 알 수 있듯이 전기의 발명은 _____ 바가 매우 크다.

4) 이번 방송에서는 우리의 삶을 _____ 미래 기술을 미리 만나 보는 시간을 가질 예정이다.

5) 그는 수천 번의 _____ 후에 신제품을 개발할 수 있었다.

2. 빈칸에 공통적으로 들어갈 말을 골라 알맞게 써 보세요.

인식하다	진화하다	차별화되다	(탐구하다)

1) 대학은 학문과 진리*를 <u>탐구하는</u> 곳이어야 한다.
   이번 과학 탐구 대회에서는 자신이 <u>탐구할</u> 주제를 선택하여 연구한 후 그 결과를 발표하면 됩니다.

> 표창장: 뛰어난 일이나 훌륭한 행동을 칭찬하는 내용을 적은 것. 진리: 참된 이치.

2) 금연을 위해서는 흡연이 건강에 미치는 악영향을 스스로 _____ 한다.

이 프로그램은 사람의 음성을 _____ 글로 변환해 준다.

3) 생물이 더 나은 종*으로 _____ 이론은 많은 사람에게 큰 충격을 주었다.

휴대폰은 끊임없이 _____ 지금의 스마트폰과 같은 성능을 갖추게 되었다.

4) 그 한식당은 보통의 한식당과는 _____ 메뉴로 사람들의 발길을 끌고 있다.

우리 회사가 내놓은 고급화 전략은 경쟁사의 저가 마케팅 전략과 _____.

3. 알맞은 말을 골라 글을 완성해 보세요.

> 건조하다   살균하다   설정하다   작동되다   정화하다   조절하다   조종하다

예약 시간을 미리 1) 설정해 두시면 그 시간에 자동으로 2) _____ 청소합니다. 핸드폰과 연결하여 원격으로 3) _____ 수도 있습니다.

여름철에 실내 온도와 습도를 자동으로 4) _____ 수 있는 것은 물론이고 공기를 5) _____ 기능도 갖추고 있어 사계절 내내 유용하게 사용할 수 있습니다.

식기 세척을 하면서 고온의 스팀으로 6) _____ 기능도 가지고 있어 식중독균*을 99.99% 제거합니다. 세척이 끝나면 자동으로 문이 열리면서 그릇을 7) _____ 주는 기능이 있기 때문에 물기 없이 깨끗한 그릇을 바로 사용할 수 있습니다.

종: 생물의 종류.   *식중독균*: 음식물에 들어 있으며 급성 소화 기관 병을 일으키는 균.

문법과 표현 3 — 동형-겠거니 하다, 명이겠거니 하다

1. 관계있는 것끼리 연결하고 문장을 완성해 보세요.

   1) 아파트값이 떨어지다 — 아직 큰 변화가 없다
   2) 내가 운영해도 잘하다 — 매진이 되어 공연을 못 보다
   3) 연락이 오다 — 의사가 독감이라고 하다
   4) 표가 있다 — 하루가 지나도 연락이 오지 않다
   5) 몸살이다 — 신경 써야 할 일이 너무 많아 힘들다

   1) 시간이 지나면 <u>아파트값이 떨어지겠거니 했는데 아직 큰 변화가 없다</u>.
   2) 가게 운영이 어렵지 않아 보여서 _____.
   3) 소개팅한 사람과 말이 잘 통해서 _____.
   4) 평일 공연이라서 _____.
   5) 열이 나고 몸이 쑤시길래* _____.

2. 다음과 같이 대화를 완성해 보세요.

   1) 가: 원래 살던 지역으로 다시 이사하기로 결정했다면서요?
      나: 네, 여기에 정붙이고* 살면 <u>적응할 수 있겠거니 하고</u> 지내봤는데 고향이 너무 그립더라고요.

 몸이 쑤시다: 몸이 바늘로 찌르는 것처럼 아프다.   **정붙이다**: 정을 두다.

2) 가: 예약을 해 놓고 아무 연락도 없이 안 오시면 어떡해요?
　　나: 남편이 _____ 제가 따로 연락을 안 드렸는데 정말 죄송합니다.

3) 가: 아, 배고파. 집에 뭐 먹을 거 없어?
　　나: 야근하고 온다고 해서 저녁을 _____ 저녁 준비를 안 했어.

4) 가: 민수 씨와 유나 씨는 사귀는 사이지요?
　　나: 나도 두 사람이 매일 학교에 같이 오길래 _____ 아니더라고요.

5) 가: 새 옷을 샀다고 좋아하더니 왜 언니한테 줬어요?
　　나: 인터넷으로 봤을 때는 나한테 _____ .

6) 가: 새로 산 노트북 어때요? 저도 노트북 사야 하는데.
　　나: 제 거는 추천 안 해요. 리뷰가 괜찮아서 _____ .

3. 위 문법을 사용하여 직접 경험했더니 예상과 달랐던 일에 대해 이야기해 보세요.

> 리나 씨를 처음 봤을 때 어려 보여서 저보다 동생이겠거니 했는데 언니라고 해서 깜짝 놀랐어요.

> 읽기 시험을 보는 데 시간이 오래 걸리겠거니 했는데 시험이 생각보다 안 어려워서 빨리 풀 수 있었어요.

문법과 표현 4 　동-기 나름이다, 명 나름이다

1. 알맞은 말을 골라 문장을 완성해 보세요.

> 관리하다　　노력하다　　사용하다　　생각하다　　(하다)

1) 이 환자는 수술이 성공적으로 끝나 재활* 치료를 잘 받는 일만 남아 있다. 이전의 몸 상태로 돌아오는 것은 이제 본인 _하기 나름이다_ .

2) 휴대폰의 용도는 _____. 전화를 하거나 문자를 보내는 등의 기본 기능뿐만 아니라 음악이나 영화 감상하기, 길 찾기, 송금하기* 등 다양한 용도로 쓸 수 있기 때문이다.

3) 연인이 좋은 관계를 유지하는 것은 _____. 항상 상대방을 배려하고 서로를 이해하려고 노력하면 싸울 일이 없다.

4) 모든 상황은 _____. 힘들다고 생각하면 끝도 없이 힘들게 느껴지지만 괜찮다고 생각하면 오히려 일이 쉽게 풀리기도 한다.

5) 자동차의 수명은 _____. 똑같이 10년을 탄 차라도 잘 관리한 차는 겉에서 보기에도 깨끗하고 기능에도 문제가 없는 반면 관리가 안된 차는 겉으로도 오래돼 보일 뿐만 아니라 고장도 자주 난다.

2. 알맞은 말을 골라 대화를 완성해 보세요.

> 교육하다　　꾸미다　　받아들이다　　쓰다　　(일하다)

1) 가: 내일이 마감인데 내일까지 이 일을 다 끝낼 수 있을까요?
　　나: 그건 우리가 _일하기 나름이에요_ . 효율적으로 하면 가능하지 않을까요? 일단 해 봅시다.

 재활: 장애가 있는 사람이 치료나 훈련을 통해 일상생활을 함.　　**송금하다**: 돈을 보내다.

2) 가: 어제 혜진 씨가 저에게 돈이 많아서 좋겠다고 했는데 비꼬는* 것 같아서 기분이 나빴어요.

    나: 그건 _____. 비꼰 게 아니라 부러워서 그런 거라고 생각하면 어떨까요?

3) 가: 아이를 예뻐만 하고 야단을 안 쳐서 그런지 버릇이 없어서 걱정이에요. 커서도 계속 그러면 어쩌죠?

    나: 아이들은 부모가 _____. 부모가 예절에 대해 잘 설명해 주고 모범을 보이면 자연스럽게 배울 수 있을 거예요.

4) 가: 이번 달에 지출이 많아서 생활비가 부족할 것 같아서 걱정이에요.

    나: 너무 걱정하지 마세요. 돈은 _____ 아껴서 쓰면 되지요.

5) 가: 진수야, 사람은 _____ 하더니 오늘 정말 멋진데!

    나: 진짜? 면접 보려고 머리도 자르고 새로 산 양복도 입어 봤는데 멋져 보인다니 다행이다.

3. 위 문법을 사용하여 이야기해 보세요.

- 나이 들어서도 지금의 건강을 계속 유지할 수 있을까요?
- 사람의 성격이 바뀔 수 있다고 생각해요?
- 한 달에 식비를 얼마나 써요?

나이 들어서도 지금의 건강을 계속 유지할 수 있을까요?

그건 자기 하기 나름이에요. 적게 먹는 게 좋다고 하던데 지금처럼 소식하면* 나이 들어서도 건강하게 지낼 수 있지 않을까요?

건강을 유지할 수 있을시 없을지는 노력하기 나름이라고 생각해요. 꾸준히 운동을 한다면 가능할 거예요.

비꼬다: 상대방의 기분이 나쁘게 비웃는 태도로 말하다.   **소식하다**: 음식을 적게 먹다.

복습 8

어휘 Vocabulary

▶ 정리하기

✎ 다음에서 알고 있는 어휘에 ✔ 해 보세요.

15-1과

기부하다 ☐	홍보 대사를 하다 ☐	사회 공헌 활동을 하다 ☐
기증하다 ☐	영향력을 발휘하다 ☐	선한 영향력을 전파하다 ☐
위상을 높이다 ☐	작품성을 인정받다 ☐	역대 최고 기록을 세우다 ☐
메시지를 전하다 ☐	캠페인에 참여하다 ☐	평론가들에게 호평을 받다 ☐
선행에 앞장서다 ☐	선풍적인 인기를 끌다 ☐	전 세계적으로 찬사를 받다 ☐
봉사 활동을 하다 ☐	유기 동물을 입양하다 ☐	

15-2과

명작/명대사/명장면 ☐	마음을 사로잡다 ☐	과거 모습을 재현하다 ☐
리메이크하다 ☐	소재가 참신하다 ☐	소설을 원작으로 하다 ☐
울림을 주다 ☐	볼거리를 제공하다 ☐	실화를 바탕으로 하다 ☐
위안을 주다 ☐	영상미가 돋보이다 ☐	추억을 떠올리게 하다 ☐
완성도가 높다 ☐	공감을 불러일으키다 ☐	연기력/연출력이 뛰어나다 ☐

16-1과

과학 수사 ☐	범인을 체포하다 ☐	목격자의 진술을 듣다 ☐
생체 모방 ☐	몽타주를 그리다 ☐	미제 사건을 해결하다 ☐
생체 인식 ☐	증거를 수집하다 ☐	사건 현장을 조사하다 ☐
유전자 검사 ☐	지문을 분석하다 ☐	거짓말 탐지기 조사를 하다 ☐
목격자를 찾다 ☐	생김새를 묘사하다 ☐	
범인을 밝혀내다 ☐	진위 여부를 밝히다 ☐	

16-2과

발명하다 ☐	불편을 해소하다 ☐	다른 기기와 연결하다 ☐
진화하다 ☐	시간을 설정하다 ☐	인류 발전에 기여하다 ☐
탐구하다 ☐	시행착오를 겪다 ☐	영상/음악을 재생하다 ☐
차별화되다 ☐	음성을 인식하다 ☐	온도/습도를 조절하다 ☐
생명을 구하다 ☐	원격으로 조종하다 ☐	삶을 획기적으로 바꾸다 ☐
공기를 정화하다 ☐	자동으로 작동되다 ☐	건조/살균/제습 기능을 갖추다 ☐

평가하기

[1~5] 다음 (   )에 들어갈 가장 알맞은 것을 고르세요.

1.
책 소개 프로그램들이 큰 인기를 끌면서 프로그램에서 소개된 책이 베스트셀러가 될 정도로 (   )을 미치고 있다.

① 연출력　　② 영향력　　③ 분석력　　④ 연기력

2.
자연은 바쁘고 여유 없는 도시 생활에 지친 우리의 마음에 큰 (   )을/를 준다.

① 위안　　② 원작　　③ 영상미　　④ 완성도

3.
가: 지난번 뉴스에 나온 그 사건의 범인을 곧 찾게 될 거라고 하던데요.
나: 네, 경찰이 사건 현장에서 범인의 것으로 보이는 (   )을/를 찾았대요.

① 지문　　② 음성　　③ 탐지기　　④ 몽타주

4.
과학 기술의 발달로 개인의 DNA를 분석하는 (   )을/를 통해 미래에 걸릴 가능성이 높은 질병을 쉽게 예측할 수 있게 되었다.

① 과학 수사　　　　　　② 생체 모방
③ 유전자 검사　　　　　④ 생김새 묘사

5.
우리 부서*에서는 여러 차례 (   ) 후 소비자의 요구에 맞는 신제품 개발에 성공할 수 있었다.

① 인기를 끈　　　　　　② 여부를 밝힌
③ 목격자를 찾은　　　　④ 시행착오를 거친

 부서: 기업이나 기관 등에서 일에 따라 나뉘어 있는 사무의 각 부문.

[6~10] 다음 밑줄 친 부분과 의미가 비슷한 것을 고르세요.

6. 이 영화는 작품성과 대중성 모두에서 좋은 평가를 받고 있다.

① 호평을 ② 위상을 ③ 음악성을 ④ 작품성을

7. 모든 학문은 진리를 파고들어 깊이 연구한다는 점에서 서로 통한다.

① 인식한다는 ② 전파한다는
③ 탐구한다는 ④ 기여한다는

8. 20세기에 들어와서 미술은 자연을 그대로 다시 나타내는 것에 그치지 않고 화가 자신의 느낌이나 감정을 표현하는 데 그 목적을 두게 되었다.

① 제공하는 ② 재현하는
③ 분석하는 ④ 떠올리는

9. A 보험사는 주 4일 근무제 시행에 따른 여가 시간 확대에 맞춰 기존 운전자 보험과는 차이를 둔 새로운 보험 상품을 판매한다고 밝혔다.

① 진화된 ② 정화된
③ 차별화된 ④ 보편화된

10. 이 장치는 정해진 시간이 되면 스스로 움직이게 설정되어 있습니다.

① 기록을 세우게 ② 기능을 갖추게
③ 기기와 연결하게 ④ 자동으로 작동하게

복습 8

[11~13] 다음 ( )에 공통적으로 들어갈 단어를 고르세요.

11.
- 그 감독이 (   ) 드라마는 매번 높은 시청률을 기록했다.
- 그 한옥 카페는 고가구를 활용하여 고풍스러운 분위기를 (   ) 것이 특징이다.
- 미용사는 머리 안쪽을 짧게 자르고 그 위를 긴 머리로 덮어 가벼운 느낌을 (   ).

① 연출하다　　② 기증하다　　③ 입양하다　　④ 연기하다

12.
- 그녀는 뛰어난 연설 솜씨로 사람들을 완전히 (   ).
- 경찰은 동물원에서 탈출한* 곰을 (   ) 데 성공했다.
- 그는 선물로 상대방의 마음을 (   ) 했으나 잘되지 않았다.

① 진술하다　　② 사로잡다　　③ 돋보이다　　④ 밝혀내다

13.
- 그는 전국을 여행하며 이번 소설에 쓸 소재를 (   ) 중이다.
- 여러분이 (   ) 폐지*가 재생되어 친환경 휴지로 만들어지고 있습니다.
- 동생은 패션에 관심이 많아서 다양한 디자인의 운동화를 (   ) 취미가 있다.

① 체포하다　　② 봉사하다　　③ 수집하다　　④ 정화하다

[14~15] 밑줄 친 부분이 어색한 것을 고르세요.

14.
① 전기 자동차가 많아지면 공기를 <u>정화하기</u> 힘들 것이다.
② 에어컨에 예약 시간을 <u>설정하는</u> 기능이 있어서 편리하다.
③ 수리 기사가 고장 난 컴퓨터를 <u>원격으로 조종하여</u> 고쳐 줬다.
④ 실내의 <u>온도를 조절하기</u> 위해서는 냉난방 시설을 설치해야 한다.

15.
① 병원에서는 환자복을 삶아서 <u>살균한다</u>.
② 요즘은 햇볕에 세탁물을 <u>건조하는</u> 사람이 줄었다.
③ 동영상의 <u>재생하기</u> 버튼을 눌렀는데 소리가 안 나온다.
④ 그 선수는 컨디션을 <u>진화하는</u> 데 실패해서 중도*에 탈락했다.

 탈출하다: 어떤 상황에서 빠져나오다.　　**폐지**: 쓰고 버린 종이.　　**중도**: 일이 진행되어 가는 동안.

문법과 표현
Grammar & Expression

▶ 정리하기

✎ 다음에서 알고 있는 문법과 표현에 ✔ 해 보세요.

15-1과

동-는답니다, 형-답니다, 명이랍니다	☐ 지난주에 개봉한 공포 영화는 실화를 바탕으로 만들어졌는데 엄청 **흥미진진하답니다**.
형-으나마, 명이나마	☐ 작은 **정성이나마** 도움이 되기를 바라는 마음으로 성금을 준비했습니다.

15-2과

명을 바탕으로	☐ 두 사람의 사랑과 **신뢰를 바탕으로** 행복한 가정을 꾸리시기 바랍니다.
동형-어서인지, 명이어서인지	☐ 봄이 **되어서인지** 오후만 되면 자꾸 졸음이 쏟아진다.

16-1과

명에 관하여	☐ 오늘은 마늘의 **효능에 관하여** 이야기해 보고자 합니다.
동-는 법이다, 형-은 법이다	☐ 옆에 있을 땐 소중한 줄 몰라도 멀리 떨어져 있으면 **그리운 법이다**.

16-2과

동형-겠거니 하다, 명이겠거니 하다	☐ 요즘 장마철이라 오늘도 비가 **오겠거니 하고** 우산을 가져왔지.
동-기 나름이다, 명 나름이다	☐ 행복도 불행도 **마음먹기 나름이니까** 긍정적으로 생각하려고 노력해 보세요.

▶ 평가하기

[1~2] 다음 (　　)에 들어갈 가장 알맞은 것을 고르세요.

1. 소설을 (　　　　) 만들어진 영화는 원작 소설이 인기가 많을 경우에 부정적인 평가를 받기 쉽다.

① 비롯해　　② 겸해서　　③ 막론하고　　④ 바탕으로

2. 　　　　모든 일은 (　　　　　　　　) 해낼 수 있다는 긍정적인 생각으로 최선을 다했으면 합니다.

① 생각하기 쉬우니까
② 생각하기 바라니까
③ 생각하기 나름이니까
④ 생각하기 십상이니까

[3~4] 다음 밑줄 친 부분과 의미가 비슷한 것을 고르세요.

3. 　　　　친구가 평소에 커피를 즐겨 마셔서 오늘도 커피를 <u>시키겠거니 하고</u> 주문했는데 커피를 끊었다고 해 당황스러웠다.

① 시키다시피 생각하고
② 시킬 거라고 생각하고
③ 시킨 바 있다고 생각하고
④ 시킬 따름이라고 생각하고

4. 　　　　가: 아이가 중학생이 되더니 비밀이 많아진 것 같아요.
　　　　나: 사춘기잖아요. 그 나이 또래는 비밀이 <u>많은 법이에요</u>.

① 많거나 해요
② 많을 뿐이에요
③ 많기 마련이에요
④ 많을 지경이에요

[5~7] 알맞은 표현을 골라서 대화를 완성하세요.

| 이나마 | -는답니다 | -어서인지 | 에 관해 |

5. 가: 여자 친구 집에 초대받았는데 한국의 _____ 아는 바가 없네요. 간단하게라도 좀 배울 방법이 없을까요?
　　나: 식사 예절이라면 지연 씨가 잘 알 테니까 도와 달라고 해 보세요.

6. 가: 등산화가 _____ 걸을 때마다 너무 불편하네요.
　　나: 작아서라기보다는 새 신발이라서 그런 거 아닐까요?

7. 가: 말을 잘 알아듣는 강아지를 키우신다고 들었는데요. 이 강아지인가요?
　　나: 네. 저희 강아지는 "장난감 정리해.", "문 닫아." 등의 어려운 말도 다 _____.

듣기 Listening

[1] 다음을 듣고 질문에 답하세요.

1. 무엇에 대해 이야기하고 있는지 고르세요.
   ① 상식 코너 소개
   ② 생체 인증* 방법
   ③ 인증 방법 사용 경험
   ④ 생체 인식 기술의 역사

[2~3] 다음 뉴스를 듣고 질문에 답하세요.

2. 무엇에 대한 뉴스인지 고르세요.
   ① 유전자 검사의 방법
   ② 과학 기술 발달의 장단점
   ③ 부모를 찾겠다는 아이의 의지
   ④ 유전자 검사로 다시 만난 가족

3. 들은 내용과 일치하는 것을 고르세요.
   ① 딸은 여덟 살에 아무 말 없이 집을 나가 돌아오지 않았다.
   ② 딸은 20년 동안 같은 동네에 살고 있던 부모를 찾아 왔다.
   ③ 어머니는 딸을 찾기 위해 20년 전에 유전자 정보를 등록했다.
   ④ 아버지는 딸을 찾으려고 안 가 본 곳이 없을 정도로 돌아다녔다.

[4~5] 다음 수상 소감을 듣고 질문에 답하세요.

4. 들은 내용과 일치하는 것을 고르세요.
   ① 배우 이희준은 기억에 남는 연기를 하는 배우는 아니다.
   ② 배우 이희준은 텔레비전 드라마로 연기 활동을 시작했다.
   ③ 배우 이희준은 부모님의 강력한 지원을 받으며 배우 생활을 시작했다.
   ④ 배우 이희준이 데뷔했을 때는 가수나 배우가 예술인으로 인정받지 못했다.

5. 수상 소감에 나타난 남자의 태도로 알맞은 것을 고르세요.
   ① 공로상*을 받은 것에 대해 자랑하고 있다.
   ② 대중문화 예술인이 무시당한 것을 속상해하고 있다.
   ③ 수상을 계기로 앞으로도 열심히 하겠다고 결심하고 있다.
   ④ 상을 받을 수 있도록 더 노력하라고 후배들을 설득하고 있다.

 인증: 어떠한 문서나 행위가 정당한 방법과 순서로 이루어졌다는 것을 국가나 사회 기관이 밝힘.
공로상: 어떤 일을 위해 노력한 것을 인정하여 주는 상.

읽기 Reading

[1~2] 다음 글을 읽고 질문에 답하세요.

사람들이 타임머신을 타고 옛날로 돌아간다면 어떤 발명품에 투자할까? 특허청이 발명의 날을 기념해 큰돈을 가지고 있다면 우리 조상들의 발명품 중 어떤 것에 투자하고 싶은지에 대해 온라인 설문 조사를 실시했다. 세종 대왕이 만들어 세계적으로 그 우수성을 인정받는 한글, 나라를 지키는 데 큰 역할을 했던 거북선*, 정보를 기록하기가 쉬워져 사람들의 삶을 획기적으로 바꿨다고 평가받는 금속 활자 등 뛰어난 후보가 여럿 있었지만 이 중에 전체 투자 금액의 29%를 차지한 온돌이 1위로 선정되었다.

온돌은 돌로 된 방바닥을 따뜻하게 만드는 우리 고유의 난방 기술이다. 서양의 벽난로*와는 달리 부엌에서 요리를 하면 그 연기가 바로 굴뚝으로 가지 않고 방바닥 아래로 가게 만들었는데, 이런 방식으로 오랫동안 실내를 따뜻하게 유지할 수 있었다. 오늘날 이러한 전통 방식으로 난방하는 집은 거의 사라졌지만 끓인 물을 방바닥 아래로 지나가게 하여 실내를 따뜻하게 하는 현대의 난방 방식에도 온돌을 발명한 조상의 지혜가 담겨 있다고 할 수 있다.

온돌을 바탕으로 한 우리나라의 현대 난방 방식은 2000년대에 들어서면서 다양한 국가에 수출되고 있다. 조상의 지혜가 담긴 온돌의 난방 방식이 세계적으로 그 우수성을 인정받고 있는 것이다.

1. 이 글의 제목으로 알맞은 것을 고르세요.
   ① 조상의 지혜가 담긴 온돌
   ② 발명의 날 기념 설문 조사
   ③ 투자 가치가 높은 전통문화
   ④ 동양과 서양의 난방 방식의 차이

2. 온돌에 대한 설명으로 알맞은 것을 고르세요.
   ① 서양의 벽난로와 원리가 비슷하다.
   ② 한국 현대의 난방 방식은 온돌의 영향을 받았다.
   ③ 온돌 난방 방식은 다양한 국가에서 투자를 받았다.
   ④ 연기가 굴뚝으로 가도록 해 실내를 따뜻하게 유지했다.

 거북선: 이순신 장군이 만들어 전쟁에서 사용한 거북 모양의 배.　　**벽난로**: 벽에 설치한 난로.

[3~5] 다음 글을 읽고 질문에 답하세요.

> 　오래전 우리 곁을 떠난 가수 공지훈이 무대에서 신곡을 부르는 모습을 보여 준 방송이 시청자들에게 큰 울림을 주었다. 대중이 그리워하는 대중문화 예술인의 목소리와 모습을 복원해 새로운 무대를 선보이고자 기획된 방송에서 그가 살아 있을 때 한 번도 부르지 않았던 새로운 곡을 부르는 모습을 구현해* 낸 것이다.
> 　어떻게 이런 일이 가능했을까? 우선 목소리는 인공 지능 기술을 사용해 복원했다. 공지훈이 불렀던 노래를 통해 그의 음성과 발성* 습관을 분석했고 인공 지능이 이러한 자료를 인식해 같은 목소리를 낼 수 있도록 했다. (　　　　　　　) 공지훈의 과거 사진과 영상을 인공 지능이 학습하도록 해서 실제와 가까운 모습을 구현해 냈다. 마지막으로 이렇게 복원한 목소리와 모습을 홀로그램으로 나타냄으로써 공지훈이 무대에 서서 신곡을 부르는 모습을 그의 가족과 팬 그리고 많은 시청자가 보게 된 것이다.
> 　공지훈의 공연이 시작되자 숨죽이고 무대를 바라보는 가족과 팬들의 눈에는 뜨거운 눈물이 흘렀다. 실제로 그가 돌아와서 신곡을 발표하는 것처럼 느껴졌기 때문이다. 공지훈의 가족은 '무대에서 건강한 모습으로 노래 부르는 것을 한 번만 다시 보고 싶다고 생각했는데 소원을 이뤘다'며 감동의 눈물을 흘렸다.
> 　그리움과 기술이 만나 다시 우리 곁에 선 가수 공지훈. 불가능을 가능으로 만든 무대는 대중에게 놀라움을 주었고 우리에게 위안을 주던 그의 목소리와 무대는 여전히 우리의 마음을 사로잡았다.

3. (　　)에 들어갈 내용으로 알맞은 것을 고르세요.
① 목소리를 복원하기 위해서는
② 그의 모습을 재현하기 위해서는
③ 실화를 바탕으로 하기 위해서는
④ 선한 영향력을 전파하기 위해서는

4. 무대를 구현한 기술에 대한 설명이 아닌 것을 고르세요.
① 새로운 노래를 부르는 모습은 재현할 수 없다는 점에서 한계를 갖는다.
② 홀로그램 기술을 통해 가수가 무대에서 노래를 부르고 있는 모습을 구현했다.
③ 목소리 복원을 위해 가수가 소리를 낼 때 어떤 습관을 가지고 있는지 분석했다.
④ 가수의 과거 사진과 영상을 인공 지능이 익히도록 해 가수의 모습을 실제에 가깝게 복원했다.

5. 이 글의 내용과 일치하는 것을 고르세요.
① 공지훈은 가수로서 활발히 활동하고 있다.
② 공지훈의 목소리는 듣는 이의 마음을 위로해 줬다.
③ 팬들은 공지훈의 무대를 보고 눈물을 흘릴 정도로 실망했다.
④ 공지훈의 가족은 홀로그램이 공지훈의 실제 모습과 똑같지 않다고 느꼈다.

 　구현하다: 구체적인 모습으로 나타나게 하다.　　발성: 목소리를 냄.

쓰기 Writing

✏️ **다음 주제로 글을 쓰세요. (500자 이상)**

과학 기술은 우리 삶을 편리하게 해 주는 긍정적인 면도 있지만 이전에는 존재하지 않았던 여러 문제를 발생시키는 부정적인 면도 있습니다. 과학 기술의 긍정적인 면과 부정적인 면 중 어느 것이 더 크다고 생각하는지 근거를 들어 써 보세요.

주장	☐ 과학 기술의 발달은 인간에게 긍정적인 영향을 끼친다.
	☐ 과학 기술의 발달은 인간에게 부정적인 영향을 끼친다.

근거 1:
근거 2:

말하기 과제
Speaking Task

✏️ **우리 생활에 필요한 물건을 발명해 봅시다.**

준비하기 조별로 모여 편리한 생활을 위해 발명하면 좋을 물건에 대해 생각해 보세요.

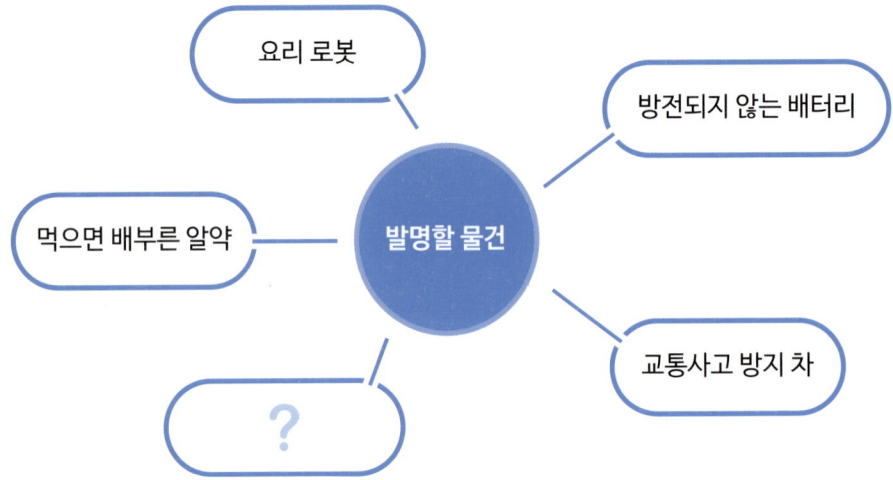

활동하기

1. 그 물건의 기능은 무엇인지, 그것을 발명하면 우리 삶이 어떻게 달라질 것인지에 대해 이야기해 보세요.

2. 이야기한 내용을 정리해 보세요.

발명품	
주요 기능	
기대되는 효과	
기존 제품과의 차이점	
발명품의 모양 (그림)	

발표하기 　조별로 발명하면 좋을 물건에 대해 발표해 보세요.

평가하기 　각 조의 발명품에 대한 설명을 듣고 평가표에 따라 평가해 보세요.

발명 아이디어는 독창적입니까?	☆☆☆☆☆
발명품의 기능을 명확하게 설명했습니까?	☆☆☆☆☆
발명품을 통해 기대되는 효과를 잘 전달했습니까?	☆☆☆☆☆
발명 계획을 효과적으로 전달할 수 있는 자료를 활용했습니까?	☆☆☆☆☆
친구들의 질문에 적절하게 답변했습니까?	☆☆☆☆☆

복습 5

[1] 다음 뉴스를 듣고 질문에 답하세요.

여: 문을 닫을 위기에 놓였던 시골의 한 초등학교가 도시 학교와는 다른 혜택과 수업 방법으로 학생 수를 늘렸다는 소식이 있는데요. 어떤 사연인지 강찬구 기자가 알아봤습니다.

남: 남쪽 바닷가 마을에 위치한 한국초등학교는 전체 학생을 다 합해도 열아홉 명뿐인 시골의 작은 학교입니다. 1923년에 문을 열어 100주년을 눈앞에 두고 있지만 신입생이 없어서 폐교될 위기에 놓였었습니다. 한국초등학교를 살리기 위해 교사와 지역 주민, 공무원 등이 힘을 합해 '한국초 살리기 위원회'를 만들었습니다. 이 위원회에서는 한국초에 입학하는 학생과 가족에게 집과 등록금을 제공하고 학교 수업 후에 영어, 컴퓨터, 골프, 바이올린 등 학생 개인별 맞춤 학습을 진행하기로 했습니다. 또한 학생들은 학교 주변에 있는 바다와 산에서 1년 내내 생태 체험 학습을 할 수 있습니다. 산과 바다에서 색다른 체험을 하며 배울 수 있는 학교라는 소문이 퍼지면서 전국에서 지원자가 몰렸는데요. 진정한 교육을 통해 폐교 위기에서 벗어날 수 있었던 좋은 사례가 될 것으로 보입니다.

[2~3] 다음 대화를 듣고 질문에 답하세요.

여: 한국은행에서 노인분들 IT 교육을 위해 1억 원을 기부했다는 소식 들었어요?

남: 그거 반가운 소식이군요. 요즘 세상이 너무 빨리 바뀌어서 나도 젊은 사람들 따라가기가 힘들 지경인데 노인분들은 얼마나 더 어려우시겠어요? 그분들 세대는 영어는 물론이고 한글도 못 배우신 분들이 많을 텐데 스마트폰에 무인 기기에 새롭게 접하는 기술이 많아서 소외감을 느끼실 것 같아요.

여: 맞아요. 기술의 발전으로 세상이 더 편해졌다고들 하지만 그 기술을 따라가지 못하면 오히려 더 힘들어질 수밖에요. 10년이나 20년 후에 우리는 지금 노인분들보다 더 어려운 기술을 접하게 될지도 몰라요. 이제 학교를 졸업하고 나이가 들어도 누구나 교육받을 수 있는 환경이 마련돼야 해요. 평생 교육은 선택이 아니라 필수예요. 노인분들께서 잘 교육받으실 수 있도록 나라에서 유용한 교육 프로그램을 많이 개설했으면 좋겠어요.

[4~5] 다음 강연을 듣고 질문에 답하세요.

여: 요즘 우리 사회를 디지털 문명 시대라고 하지요. 인터넷과 스마트폰의 등장으로 우리는 매우 빠른 속도로 새로운 지식과 정보를 얻을 수 있게 되었습니다. 그런가 하면 대부분의 시간을 SNS나 게임을 하며 보내는 사람들도 적지 않습니다. 긍정적이든 부정적이든 이러한 시대의 큰 흐름은 디지털 문명과 뗄 수 없는 관계에 있다고 할 수 있는데요. 이 시간에는 스마트폰과 인터넷으로 인한 새로운 소비문화에 대해 알아보고 이에 따른 마케팅 전략을 살펴보고자 합니다.

최근 온라인 식품 구매나 배달 주문이 크게 증가하고 있는데요. 뉴스에 따르면 모바일로 간편결제를 하거나 온라인으로 장을 보는 등 많은 사람들이 비대면 거래를 선호하게 되었다고 합니다. 이렇듯 소비자는 비대면 거래의 편리성과 신속성에 빠르게 적응하고 있습니다.

그렇다면 이 디지털 문명의 시대에 기업에서는 어떤 마케팅 전략을 세워야 할까요? 우선 맞춤형 패키지를 마련할 수 있습니다. 단순히 소비자가 주문한 제품만을 배달하는 게 아니라 함께 갖추면 좋을 관련 상품을 패키지로 구성하여 적극적으로 구매를 유도하는 거지요. 또한 디지털 채널을 다양하게 활용할 것을 권하고 싶습니다. 기업 소유의 채널뿐만 아니라 인터넷 포털, SNS 등 다양한 디지털 채널을 통해 소비자와 실시간으로 소통할 수도 있고 마케팅 캠페인도 할 수 있습니다. 새로운 시대로의 변화가 시작된 이상 기업은 더 새롭고 적극적인 방법으로 디지털 거래를 위한 환경 마련에 힘써야겠습니다.

복습 6

[1] 다음 뉴스를 듣고 질문에 답하세요.

남: 1인 미디어의 영향력이 점점 커지고 있는데요. 1인 미디어 때문에 큰 피해를 입는 사람들도 있다고 합니다. 이수현 기자, 자세히 전해 주시죠.

여: 네. 지금 보시는 영상은 올린 지 일주일 만에 조회 수 100만을 넘긴 영상입니다. 이 영상은 1인 미디어 진행자가 한 식당에서 식사를 하면서 촬영한 것인데요. 이 방송 진행자는 식당에서 제공한 김치에 다른 음식물이 떨어져 있자 식당이 음식을 재활용하고 있는 것 같다며 영상을 올렸습니다. 이 영상이 올라간 이후 해당 식당은 큰 비난을 받아야 했고 결국 문을 닫았습니다. 그러나 CCTV 확인 결과 김치에 떨어진 음식물은 방송 진행자가 먹다가 흘린 것이었습니다. 영상을 올리기에 앞서서 사실 확인도 제대로 하지 않은 것입니다.

남: 네. 식당 주인분 마음고생이 심하셨을 것 같은데요. 이런 사례가 또 있다면서요?

[2~3] 다음 강연을 듣고 질문에 답하세요.

남: 오늘은 출산율에 대한 이야기를 한번 해 보려고 합니다. 혹시 우리나라 작년 출산율이 어떻게 되는지 아십니까? 0.7명입니다. 현재 대한민국은 전 세계에서 가장 빠르게 인구가 줄고 있습니다. 출산율을 높이기 위해 긴 시간 동안 여러 정책을 시행했는데도 이러한 상황이 된 겁니다. 출산율은 왜 높아지지 않는 걸까요?

한 설문 조사에 따르면 아이를 낳지 않는 이유로 일과 육아의 병행이 어렵다든가 육아 비용이 부담된다든가 하는 응답도 있었지만 가장 높은 비율로 나온 응답은 '나 자신을 위한 삶을 살고 싶어서'였다고 합니다. 상황이 이렇다 보니 저와 같은 기성세대는 젊은 세대를 이해하기 어렵습니다. 예전보다 경제적으로 훨씬 살기 좋아졌는데도 자기 자신을 위해 살고 싶어서 아이를 낳지 않겠다고 하니까요.
그러나 이 상황을 조금 다르게 바라볼 수도 있을 것 같습니다. 한 인구학자에 따르면 자원이 부족하고 경쟁이 치열한 환경에서는 살아남으려는 본능이 매우 강해지고 가정을 이루거나 아이를 낳으려는 본능은 약해진다고 합니다.
요즘 젊은 세대의 이야기를 들어 보면 취업이 힘들고, 집을 사기도 어렵고, 미래를 알 수 없어 희망을 갖기가 쉽지 않다는 이야기를 많이 하는데요. 이러한 환경에 놓여 있다 보니 자기 자신을 위해서 살겠다는 본능이 강해지는 게 아닐까요? 어쩌면 기성세대가 젊은 세대의 어려움을 이해하고 함께 노력하여 젊은 세대가 미래에 대한 희망을 가질 수 있도록 환경을 조성한다면 저출산은 자연히 해결될지도 모릅니다.

[4~5] 다음 시사 프로그램을 듣고 질문에 답하세요.

여: "혈연관계도 아니고 결혼한 사이도 아니지만 같이 산다면 가족이라고 할 수 있다." 이 말에 동의하십니까? 남이지만 함께 사는 새로운 형태의 가족을 이룬 인구가 100만 명을 넘어섰습니다.
결혼을 하지 않은 남녀가 같이 사는 동거 가구가 있는가 하면 친구나 지인과 같이 사는 젊은 세대로 이루어진 가구도 증가하는 추세이고 서로 돌보며 모여 사는 노인 가구 역시 점점 늘고 있다고 합니다.
이에 따라 가족에 대한 사람들의 인식도 빠르게 바뀌고 있습니다. 한 조사에 따르면 국민 열 명 중 일곱 명은 혈연관계나 결혼한 사이가 아니어도 주거를 공유하고 서로 부양한다면 가족으로 생각한다고 답했습니다.
하지만 법은 국민 의식의 변화 속도를 따라오지 못하고 있습니다. 이들은 법적으로 가족이 아니기 때문에 가족이 받는 여러 혜택을 받지 못합니다. 가족 돌봄 휴직 제도의 대상이 될 수 없으며 신혼부부에게 저렴한 가격에 제공되는 주택도 받을 수 없습니다. 수술을 받을 때도 동거인은 보호자로서 수술 동의서에 서명할 자격을 인정받지 못합니다.
앞으로 새로운 가족의 형태는 더욱 늘어날 것임에 틀림없는데요. 전통적인 가족이 아닌 자신이 선택해서 꾸린 가족과도 누구나 행복하게 살 수 있도록 정부가 관심을 가져야 하지 않을까요?

복습 7

[1] 다음을 듣고 질문에 답하세요.

여: 조선 시대 인물 중 빼놓을 수 없는 한 사람을 말하라면 '황희'를 꼽을 수 있습니다. 황희는 태종과 세종이 신뢰하는 관리였는데 그의 성품을 잘 보여 주는 일화가 하나 있습니다.
어느 날 황희의 집에서 일하는 하인 둘이 서로 다퉜는데 그중 한 명이 황희에게 찾아 와 다른 하인의 잘못을 말했습니다. 하인의 말을 끝까지 들은 황희는 "네 말이 옳다."라고 말했습니다. 조금 후에 다른 하인이 와서는 먼저 말한 하인이 잘못한 것이라고 이야기했습니다. 하인의 말이 끝나자 황희는 "네 말이 옳다."라고 말했습니다. 옆에서 이 모습을 보던 조카는 한 사람의 말이 맞았다면 다른 한 사람의 말은 틀린 것인데 둘 다 옳다고 한 것은 잘못이라고 말했습니다. 조카의 말을 들은 황희는 조카에게도 "그래, 네 말도 옳구나."라고 이야기했다고 합니다.
이 일화를 들으면서 황희가 우유부단하다고 생각하시는 분도 있을 텐데요. 왕이 매우 신뢰하는 관리였으며 나라의 일을 항상 정확하게 처리했다는 역사적 평가를 볼 때 다른 해석도 가능합니다. 즉 황희가 서로 다른 입장의 이야기도 편견 없이 듣고 자신에 대한 비난까지도 받아들이는, 마음이 넉넉하고 인자한 성품을 가진 인물이라는 것이지요.

[2~3] 다음 대화를 듣고 질문에 답하세요.

여: 너 그 기사 봤어? 요즘 우리나라 홍보 영상이 조회 수가 엄청 높대. 지금까지의 홍보 영상 중에서 올해 영상이 최고 기록이라고 하더라.
남: 기존의 홍보 영상과 달리 유명한 배우라든지 가수 같은 연예인은 안 나온다고 들었는데 조회 수가 그렇게 높다고? 말도 안 돼.
여: 나도 처음에는 너랑 같은 생각이었어. 근데 영상을 보고 왜 그런지 이해가 되더라고. 영상에서는 처음부터 우리나라 전통 국악을 현대적으로 해석한 퓨전 국악이 흘러나와. 그 리듬에 맞춰서 사람들이 신나게 춤을 추는데 그 뒤의 배경으로는 우리나라를 대표하는 명소가 하나둘씩 등장해. 말로만 들으면 안 어울릴 것 같지? 근데 퓨전 국악하고 춤 그리고 우리나라의 명소가 모두 잘 어우러져서 어색한 느낌이 안 들어. 영상을 보면서 '우리나라 국악이 이렇게도 재탄생할 수 있구나.'라는 생각이 들었어. 영상을 만든 사람 인터뷰도 봤는데 뛰어난 전통문화가 있은들 아무도 즐기지 않으면 소용없다면서, 전통을 현대에 맞게 재해석해 모두가 즐길 수 있게 해야 한다고 하더라. 전통 국악은 어렵게 느껴지는 데 반해 퓨전 국악은 젊은 세대의 감수성과 잘 맞아서 동서양을 막론하고 사랑받는 게 아닐까 싶어.

[4~5] 다음 교양 프로그램을 듣고 질문에 답하세요.

남: 오늘 문화 배움터에서 소개해 드릴 분은 소반 장인 이수현 씨입니다. 소반은 예전에 방바닥에 앉아서 생활했던 우리 조상들이 쓰던 작은 밥상인데요. 현대로 올수록 대부분의 가정에서 식탁을 사용하게 되면서 소반과 소반을 만드는 장인들은 점점 역사 속으로 사라지게 되었습니다.
이러한 가운데 이수현 씨 집안은 할아버지 때부터 소반을 만들고 있는데요. 가업을 이어 장인으로서의 삶을 살아온 지 30년이 넘었지만 지금도 그는 "기술에는 완벽이 없다."라고 말하며 우리 전통의 아름다움을 드러내는 소반을 만들기 위해 최선을 다하고 있습니다.
요즘에는 소반이 미래 세대에도 이어질 수 있도록 많은 노력을 하고 있는데요. 그 노력 중 하나로 한국 소반의 아름다움을 표현해 내기 위해 현대인들도 좋아하는 아름다운 전통 문양을 소반에 새겨 넣고 있다고 합니다.

이수현 장인은 자신이 지금 소반 장인으로 살아갈 수 있는 것은 어려움 속에서도 포기하지 않고 자리를 지켰기 때문이라고 말합니다. 그를 보며 진정한 장인 정신이 무엇인지 느낄 수 있었습니다.

복습 8

[1] 다음을 듣고 질문에 답하세요.

남: 오늘의 상식 코너에서는 생체 인식 기술을 이용하여 자신이 누구인지 밝히는 생체 인증에 대해 알아보고자 합니다. 우리는 그동안 자신을 밝히기 위해서 신분증을 이용해 왔는데요. 언제부터인지 생체 인식 기술이 사용되기 시작했습니다.
생체 인증을 하는 방법은 세 가지로 나눌 수 있다고 합니다. 첫 번째는 다른 사람과 구별되는 고유한 얼굴, 지문, 음성으로 자신을 인증하는 것입니다. 두 번째는 심장 박동 같은 생체 신호를 통해 인증을 하는 방법이고요. 세 번째는 다른 사람과 다른 자신만의 습관적인 행동으로 인증하는 방법입니다. 예를 들어 걸음걸이라든가 컴퓨터 자판을 치는 습관 등을 분석해서 사용자를 인증하는 방법을 말합니다.
여러분은 어떤 인증 방법을 사용해 보셨습니까? 신분증을 대체할 생체 인식 기술이 앞으로 얼마나 발전하게 될지 많은 기대가 됩니다.

[2~3] 다음 뉴스를 듣고 질문에 답하세요.

남: 20년 전에 잃어버렸던 딸을 유전자 검사를 통해 찾게 된 부모가 있습니다. 단 하루도 딸을 잊어 본 적이 없다는 어머니, 딸을 찾기 위해 전국에 안 다녀 본 곳이 없다는 아버지. 설날을 앞두고 이루어진 감동적인 만남의 현장에 박슬기 기자가 다녀왔습니다.
여: 20년 만에 만나는 딸을 기다리던 어머니는 딸이 나오는 순간 전속력으로 달려가 딸을 안습니다. 서로를 안은 어머니와 딸은 눈물을 흘리며 보고 싶었던 마음을 쏟아 냅니다. 아버지도 옆에 서서 말없이 눈물을 흘립니다. 딸을 잃어버린 것은 20년 전. 당시 여덟 살이던 딸은 동네에서 친구들과 놀고 온다고 나가서 다시는 돌아오지 않았습니다.
부모님과 딸 승하 씨를 다시 만날 수 있게 한 것은 유전자 검사. 승하 씨는 부모님을 찾고 싶어 자신의 유전자 정보를 등록해 놓았습니다. 승하 씨 부모님도 혹시 모른다는 기대감에 얼마 전 유전자 정보를 등록해 봤는데요. 며칠 뒤 일치하는 사람을 찾았다는 전화를 받았다고 합니다.
승하 씨 부모님은 딸이 찾아올지도 모른다는 생각에 20년 동안 이사도 가지 않고 같은 동네에 살고 있었습니다. 아이를 찾고야 말겠다는 부모님의 의지와 과학 기술의 발달이 만나 설날의 기적을 만들어 냈습니다. LEI 뉴스, 박슬기입니다.

[4~5] 다음 수상 소감을 듣고 질문에 답하세요.

여: 지금 대중문화 예술상 공로상 수상자 이희준 선생님께서 무대 위로 올라오고 계신데요. 1970년에 데뷔한 배우 이희준 님은 올해 연기를 시작한 지 63년이 되었습니다. 연극 무대에서 배우 활동을 시작하여 드라마와 영화에서 수많은 역할을 맡아 개성 있고 카리스마 넘치는 연기로 대중에게 강한 인상을 남겼습니다. 올해 최고령 한국 배우로서 칸 영화제의 레드 카펫을 밟은 그는 전 세계인에게 그만의 명품 연기를 선보였습니다. 이희준 님, 수상 소감 부탁드리겠습니다.
남: 감사합니다. 사실 제가 연기를 처음 시작할 때는 집안 어른들의 반대가 매우 심했습니다. 당시는 대중문화 예술인들이 무시를 당하던 시절이었지만 저는 여러 영화를 보면서 배우들의 명연기에 큰 감동을 받았습니다. 그래서 연기도 열정을 가지고 제대로 하면 언젠가 예술로 인정받을 수 있을 거라는 생각을 가지고 이 길을 열심히 걸어왔습니다. 오늘 이 상으로 그동안의 노력을 인정받은 것 같아 정말 기쁩니다. 이 상을 격려의 뜻으로 받아들이고 앞으로도 열심히 하겠습니다. 제가 상을 받는 모습이 대중문화 관련 일을 하고 있는 많은 후배들에게 응원과 격려의 메시지가 됐으면 좋겠습니다. 감사합니다.

9. 교육과 미래

9-1. 현 교육의 문제점

어휘 p. 14

1. 2) 조기 교육
   3) 입시 위주 교육
   4) 선행 학습
   5) 자기 주도 학습
   6) 인성 교육
   7) 주입식 교육
   8) 공교육

2.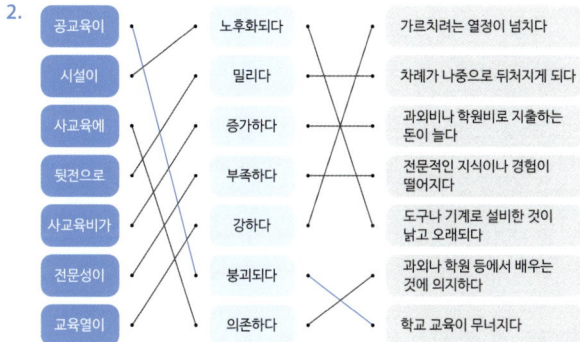

   2) 시설이 노후화되어
   3) 사교육에 의존하고
   4) 뒷전으로 밀렸다
   5) 사교육비가 증가했다
   6) 전문성이 부족하다고
   7) 교육열이 강한

문법과 표현 ❶ 동-느니 동-느니 (하다), 형-으니 형-으니 (하다), 명이니 명이니 (하다) p. 16

1. 2) 책이 사라지느니 교사가 없어지느니 하며
   3) 큰 소리로 노래를 부르느니 게임을 하느니 하지만
   4) 충동적으로 물건을 구매하게 되느니 불필요한 물건을 사게 되느니 하는데
   5) 성적이니 다양한 경험이니 하지만

2. 2) 장학금을 받겠다느니 외국어를 배우겠다느니 하면서, (외국어를 배우겠다)
   3) 답답한 도시를 벗어나고 싶다느니 자연과 함께하고 싶다느니 하며, (자연과 함께하고 싶다)
   4) 곧 결혼한다느니 은퇴한다느니 하는, (은퇴한다)
   5) 연봉이라느니 사회적 인정이라느니 하는데, (사회적 인정이다)

문법과 표현 ❷ 동-는 탓에, 형-은 탓에, 명 탓에 p. 18

1.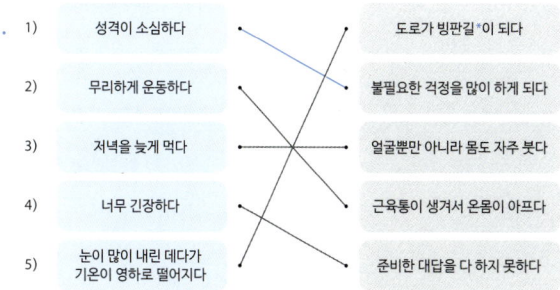

   2) 무리하게 운동한 탓에 근육통이 생겨서 온몸이 아프다
   3) 저녁을 늦게 먹는 탓에 얼굴뿐만 아니라 몸도 자주 붓는다
   4) 너무 긴장한 탓에 준비한 대답을 다 하지 못했다
   5) 눈이 많이 내린 데다가 기온이 영하로 떨어진 탓에 도로가 빙판길이 되었다

2. 2) 층간 소음 탓에
   3) 취업이 어려운 탓에
   4) 편리함만을 추구하는 탓에
   5) 외식을 자주 한 탓에

9-2. 미래의 교육

어휘 p. 20

1.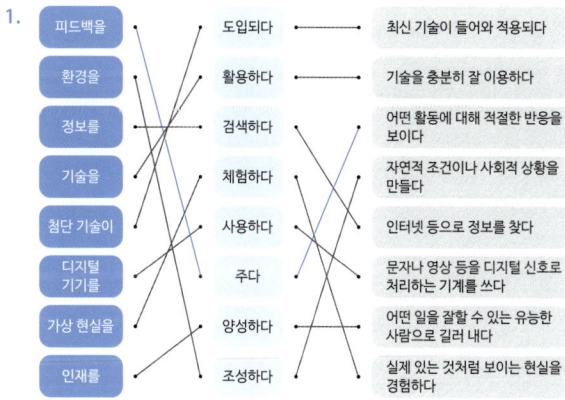

   2) 환경을 조성하기
   3) 정보를 검색할
   4) 기술을 활용하여
   5) 첨단 기술이 도입된
   6) 디지털 기기를 사용할
   7) 가상 현실을 체험하는
   8) 인재를 양성하기

2.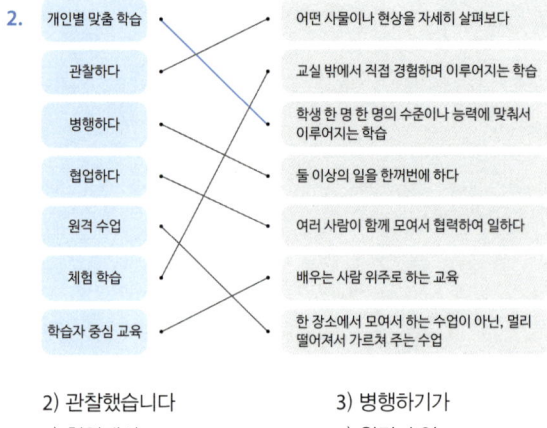

2) 관찰했습니다 3) 병행하기가
4) 협업해서 5) 원격 수업
6) 체험 학습 7) 학습자 중심 교육

문법과 표현 ❸ 명에 한하여 p. 22

1.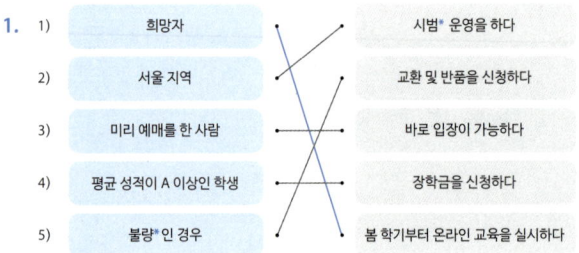

2) 서울 지역에 한하여 시범 운영을 할 예정입니다
3) 미리 예매를 한 사람에 한하여 바로 입장이 가능합니다
4) 평균 성적이 A 이상인 학생에 한하여 장학금을 신청할 수 있습니다
5) 불량인 경우에 한하여 교환 및 반품을 신청할 수 있습니다

2. 2) 5만 원 이상 구매 고객에 한해서 사은품을 증정한대요
3) 오후 한 시 이전에 주문한 물건에 한해서 당일 발송을 해 준대요
4) 다섯 시 이전에 식사를 하는 고객에 한해서 음료수를 무료로 제공해 준대요
5) 투숙객에 한해서 사우나 및 수영장을 무료로 이용할 수 있대요

문법과 표현 ❹ 동-는 감이 있다, 형-은 감이 있다 p. 24

1. 2) 지루한 감이 있었다 3) 두꺼운 감이 있지만
4) 이른 감이 있다 5) 심한 감이 있지만

2. 2) 비싼 감이 있지만
3) 지나친 감이 있네요
4) 밝은 감이 있지만
5) 아쉬운 감이 있어요
6) 좀 늦은 감이 있지만 급하면 연락해 보세요

10. 생활 속 경제

10-1. 광고와 경제

어휘 p. 28

1.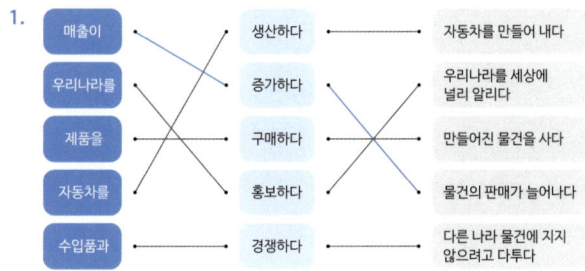

2) 우리나라를 홍보하는 3) 제품을 구매하는
4) 자동차를 생산하는 5) 수입품과 경쟁하기

2. 2) 제작비를 지원할 3) 정보를 제공함으로써
4) 시청권을 침해한다는 5) 횟수를 제한하지
6) 제품을 노출하는 7) 가격이 인상되면서
8) 구매를 유도하기 위해 9) 규제하려고
10) 막대한 비용이 들고

문법과 표현 ❶ 동-다시피 하다 p. 30

1. 2) 키우다시피 하셨다 3) 끊기다시피 했다
4) 기어가다시피 하고 있다 5) 살다시피 한다

2. 2) 연습장에서 살다시피 하고 있다
3) 공연장에서 하는 공연은 없어지다시피 했다
4) 계속 굶다시피 하고 있다
5) 집안일을 다 하다시피 하고 있다

문법과 표현 ❷ 동형-을 지경이다 p. 32

1.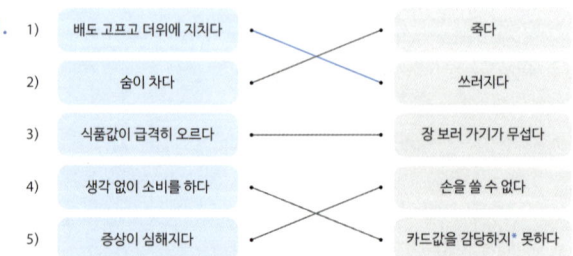

2) 숨이 차서 죽을 지경이었다
3) 식품값이 급격히 올라 장 보러 가기가 무서울 지경이다
4) 생각 없이 소비를 하다가 카드값을 감당하지 못할 지경이
5) 증상이 심해져서 손을 쓸 수 없을 지경에

2. 2) 배가 고파서 참을 수 없을 지경이에요
   3) 머리가 아파 죽을 지경이에요
   4) 질이 나빠서 사용할 수 없을 지경이에요
   5) 창피해서 얼굴도 못 들 지경이었어요

10-2. 소비와 경제

어휘 p. 34

1. 2) 일자리를 창출할
   3) 초고가
   4) 공급자
   5) 경제가 활성화될까요
   6) 초저가
   7) 호황
   8) 경제가 침체되면서

2. 2) 성능을 따져 보고
   3) 가격 대비 품질이 좋아서
   4) 유행에 민감한
   5) 가격을 고려하게 돼요

3. 2) 구독했다, 구독하려고
   3) 소유한, 소유하고
   4) 대여하는, 대여해

문법과 표현 ❸ 동-는 동시에, 형-은 동시에, 명인 동시에 p. 36

1.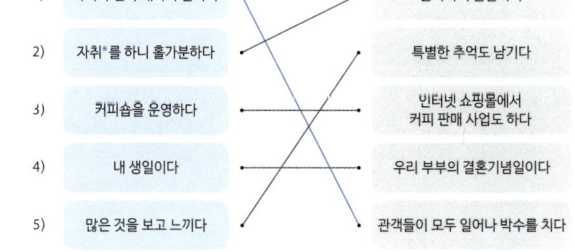

2) 자취를 하니 홀가분한 동시에 혼자라서 쓸쓸하기도 하다
3) 커피숍을 운영하는 동시에 인터넷 쇼핑몰에서 커피 판매 사업도 하신다
4) 내 생일인 동시에 우리 부부의 결혼기념일이다
5) 많은 것을 보고 느끼는 동시에 특별한 추억도 남길 수 있다

2. 2) 기업에서는 실습을 하는 동시에 학교에서는 이론을 배우는 수업입니다
   3) 월급을 모으는 동시에 생활비도 아껴야 할 거예요
   4) 앨범이 공개되는 동시에 1위를 차지했습니다
   5) 위기인 동시에 기회라고 봅니다

문법과 표현 ❹ 동-는 이상, 형-은 이상, 명인 이상 p. 38

1.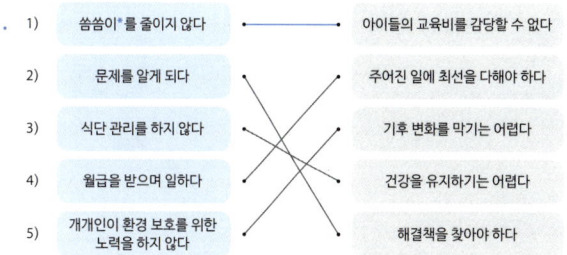

2) 문제를 알게 된 이상 해결책을 찾아야 합니다
3) 식단 관리를 하지 않는 이상 건강을 유지하기는 어렵습니다
4) 월급을 받으며 일하는 이상 주어진 일에 최선을 다해야 합니다
5) 개개인이 환경 보호를 위한 노력을 하지 않는 이상 기후 변화를 막기는 어렵습니다

2. 2) 중간까지 온 이상
   3) 중요한 일을 맡게 된 이상
   4) 계약서에 서명한 이상
   5) 결승전까지 올라온 이상

복습 5

어휘 p. 41

1. ④ 2. ③ 3. ① 4. ② 5. ④
6. ① 7. ③ 8. ② 9. ① 10. ②
11. ② 12. ③ 13. ① 14. ④ 15. ④

문법과 표현 p. 44

1. ② 2. ② 3. ① 4. ①
5. 부족한 감이 있어요
6. 100ml에 한하여
7. 살다시피 하고 있어

듣기 p. 46

1. ④ 2. ② 3. ② 4. ④ 5. ③

읽기 p. 47

1. ③ 2. ④ 3. ③ 4. ② 5. ①

11. 변화하는 사회

11-1. 저출산과 사회 문제

어휘 p. 54

1. 2) 출산 휴가를 3) 양육은
   4) 출산율이 5) 유급 휴직
   6) 육아 휴직

2. 2) 혜택을 제공하기로
   3) 양육비를 지원하는
   4) 정책을 시행하고
   5) 제도를 마련하겠다는
   6) 효과가 미미한
   7) 출산을 장려하기
   8) 추세가 지속되고

3. 2) 출산을 장려하기
   3) 수당을 지급하고
   4) 육아 휴직
   5) 효과가 미미한
   6) 실효성이 있는

문법과 표현 ❶ 동-기에 앞서(서) p. 56

1.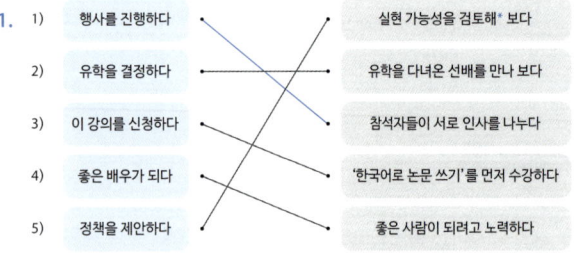

   2) 유학을 결정하기에 앞서서 유학을 다녀온 선배를 만나 보는 것이 좋을 것 같아요
   3) 이 강의를 신청하기에 앞서서 '한국어로 논문 쓰기'를 먼저 수강해야 하기 때문입니다
   4) 좋은 배우가 되기에 앞서서 좋은 사람이 되려고 노력하기 때문인 것 같습니다
   5) 정책을 제안하기에 앞서서 실현 가능성을 검토해 보셨습니까

2. 2) 회의를 시작하기에 앞서
   3) 발표를 마치기에 앞서
   4) 말하기 대회를 시작하기에 앞서
   5) 판결을 내리기에 앞서

문법과 표현 ❷ 동형-거나 하다 p. 58

1.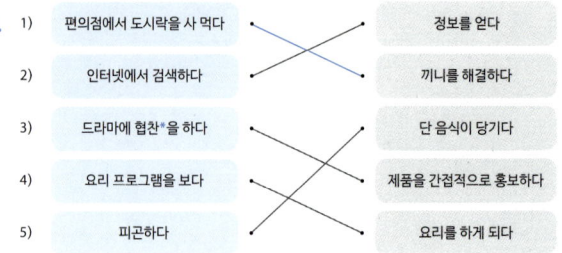

   2) 인터넷에서 검색하거나 해서 정보를 얻는다
   3) 드라마에 협찬을 하거나 해서 제품을 간접적으로 홍보한다
   4) 요리 프로그램을 보거나 하면 요리를 하게 된다
   5) 피곤하거나 하면 단 음식이 당긴다

2. 2) 잠을 못 자거나 스트레스를 받거나 하면
   3) 몸이 아프거나 외롭거나 하면
   4) 도서관에 가거나 서점에 가거나 해서
   5) 운동을 하거나 몸에 좋은 음식을 먹거나 해서

11-2. 변화하는 가족

어휘 p. 60

1. 2) 친척과
   3) 가장이
   4) 연금을
   5) 가족 구성원은
   6) 혈연 의식이

2.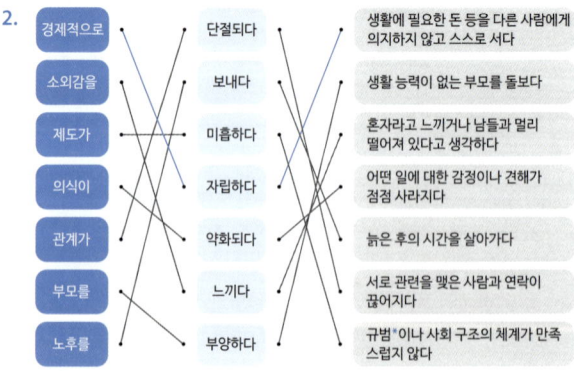

   2) 소외감을 느껴요 3) 제도가 미흡해서
   4) 의식이 약화되고 5) 관계가 단절된
   6) 부모를 부양하는 7) 노후를 보내는

3. 2) 독거노인 3) 부양
   4) 소외감 5) 노화

문법과 표현 ❸ 동형-듯(이), 명이듯(이)   p. 62

1. 1)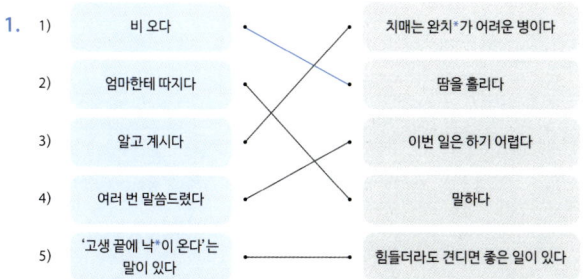

2) 엄마한테 따지듯이 말하지
3) 알고 계시듯이 치매는 완치가 어려운 병입니다
4) 여러 번 말씀드렸듯이 이번 일은 하기 어렵습니다
5) '고생 끝에 낙이 온다'는 말이 있듯이 힘들더라도 견디면 좋은 일이 있을 거야

2. 2) 물 쓰듯 쓰더니
3) 밥 먹듯 하니까
4) 눈 녹듯 사라지는 것 같아요
5) 불 보듯 뻔하네요

문법과 표현 ❹ 동형-음에 틀림없다, 명임에 틀림없다   p. 64

1. 1)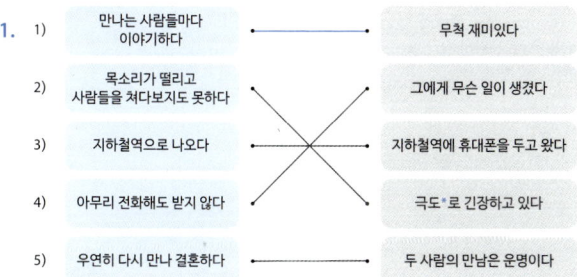

2) 목소리가 떨리고 사람들을 쳐다보지도 못하는 것을 보니 극도로 긴장하고 있음에 틀림없다
3) 지하철역으로 나오는 것을 보니 지하철역에 휴대폰을 두고 왔음에 틀림없다
4) 아무리 전화해도 받지 않는 것을 보니 그에게 무슨 일이 생겼음에 틀림없다
5) 우연히 다시 만나 결혼한 것을 보니 두 사람의 만남은 운명임에 틀림없다

2. 2) 상한 게 틀림없다
3) 사과하고 싶은 게 틀림없다
4) 거짓말을 하고 있는 게 틀림없다
5) 천재인 게 틀림없다

12. 대중 매체

12-1. 뉴 미디어

어휘   p. 68

1.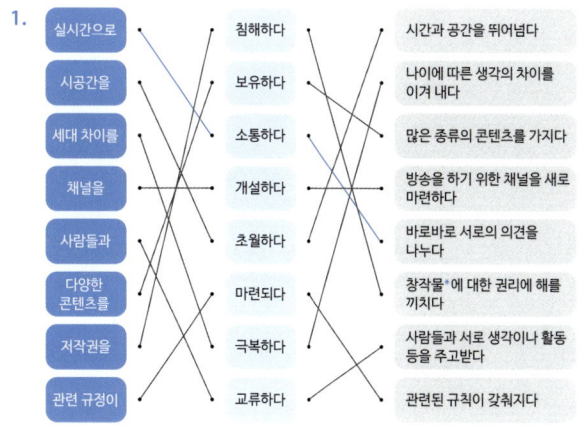

2) 시공간을 초월하는
3) 세대 차이를 극복하기
4) 채널을 개설한 지
5) 사람들과 교류하지
6) 다양한 콘텐츠를 보유한
7) 저작권을 침해하는
8) 관련 규정이 마련되지

2. 2) 자극적인
3) 폭력적인 것 같아요
4) 부적합하다는
5) 유해한
6) 부정확한

문법과 표현 ❶ 동-는다든가, 형-다든가, 명이라든가   p. 70

1.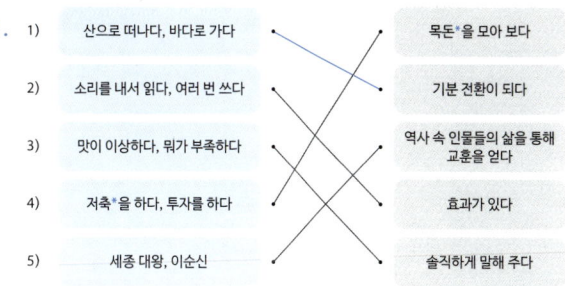

2) 소리를 내서 읽는다든가 여러 번 쓴다든가 하면 효과가 있을 거예요
3) 맛이 이상하다든가 뭐가 부족하다든가 하면 솔직하게 말씀해 주세요
4) 저축을 한다든가 투자를 한다든가 해서 목돈을 모아 보세요
5) 세종 대왕이라든가 이순신이라든가 하는 역사 속 인물들의 삶을 통해 교훈을 얻을 수 있잖아요

2. 2) 삼계탕이라든가 장어덮밥
   3) 운동이라든가 독서
   4) 산책이라든가 요리
   5) 기부라든가 무료 급식 봉사

문법과 표현 ❷ 동 -으려고 들다   p. 72

1.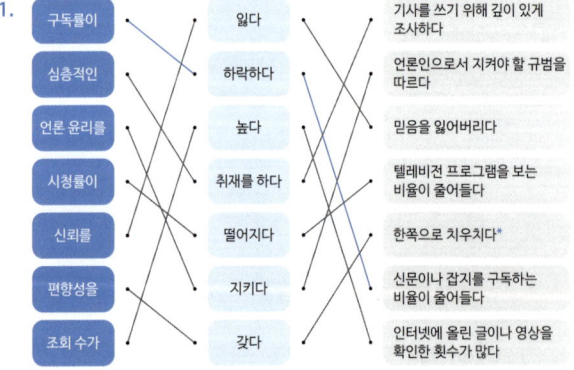

   2) 감정적으로 상대방을 이기려고 들면 성공적인 토론을 할 수 없다
   3) 잔소리를 하려고 들면 끝이 없다
   4) 채소는 안 먹으려고 들어서 영양 상태가 걱정된다
   5) 사료를 다 먹고도 계속 다른 걸 먹으려고 들어서 비만이 될까 봐 걱정이다

2. 2) 하려고만 들면 잘해요
   3) 싸우려고만 들어서 화해를 못 했어
   4) 읽으려고만 들면 잠이 쏟아지네요
   5) 하려고만 들면 눈물부터 나요

12-2. 신문과 뉴스

어휘   p. 74

1.

   2) 심층적인 취재를 하여   3) 언론 윤리를 지켜야
   4) 시청률이 떨어지게   5) 신뢰를 잃었다
   6) 편향성을 갖고   7) 조회 수가 높은

2. 2) 공정한, 공정하게   3) 선호한다, 선호하는
   4) 왜곡된, 왜곡되어

3. 2) 추구하며   3) 감시하는   4) 취재하는   5) 왜곡하지

문법과 표현 ❸ 동 형 -다 못해   p. 76

1.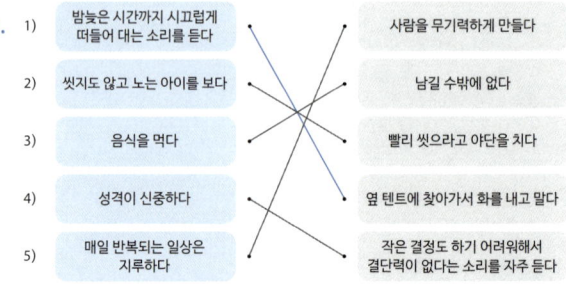

   2) 씻지도 않고 노는 아이를 보다 못해 빨리 씻으라고 야단을 쳤다
   3) 음식을 먹다 못해 남길 수밖에 없었다
   4) 성격이 신중하다 못해 작은 결정도 하기 어려워해서 결단력이 없다는 소리를 자주 듣는다
   5) 매일 반복되는 일상은 지루하다 못해 사람을 무기력하게 만든다

2. 2) 생각다 못해 학원에 보내고 있어요
   3) 보다 못해 경찰을 부르더라고요
   4) 따뜻하다 못해 더울 정도니까
   5) 배고프다 못해 쓰러질 지경이야

문법과 표현 ❹ 명 에 달하다, 명 에 그치다   p. 78

1. 2) 32.6%에 달해
   3) 623%에 달한, 125%에 그쳤다
   4) 45.9%에 달해, 13.6%에 그쳤다
   5) 21.5%에 달한, 9.0%에 그쳤다

2. 2) 준우승에 그치고   3) 세 배에 달해서
   4) 소문에 그치게   5) 절정에 달할

복습 6

어휘   p. 81

1. ①   2. ④   3. ③   4. ①   5. ②
6. ③   7. ①   8. ③   9. ④   10. ④
11. ② 12. ③ 13. ④ 14. ② 15. ①

문법과 표현   p. 84

1. ②   2. ④   3. ①   4. ②
5. 유적지를 방문하기에 앞서서
6. 참다못해
7. 커피를 마시거나 하면

듣기				p. 86
1. ④	2. ④	3. ④	4. ③	5. ①

읽기				p. 87
1. ①	2. ④	3. ②	4. ①	5. ①

13. 역사와 인물

13-1. 나라의 건국과 멸망

어휘 p. 94

1. 문명이 — 발생하다 — 인간의 생활이 기술적, 물질적 발전을 이루기 시작하다
   물품을 — 운송하다 — 물건을 실어 보내다
   농사를 — 짓다 — 곡식이나 채소를 심어 기르고 거두다
   중심지가 — 되다 — 중심이 되는 곳으로 변하다
   전성기를 — 맞이하다 — 일이 가장 잘 되는 시기를 맞다
   지리적으로 — 유리하다 — 지형이나 위치가 이익이 되는 상황이다

2) 물품을 운송하기   3) 농사를 지으셔서
4) 중심지가 되었다   5) 전성기를 맞이했다
6) 지리적으로 유리하다

2. 2) 기름진, 기름져서   3) 이동하기, 이동했다
   4) 건국된, 건국되었으나   5) 교역하기, 교역할
   6) 전쟁한, 전쟁하는

3. 2) 땅이 기름져서
   3) 교통이 발달할
   4) 물품을 운송할

문법과 표현 ❶ 동-으려야 동-을 수(가) 없다   p. 96

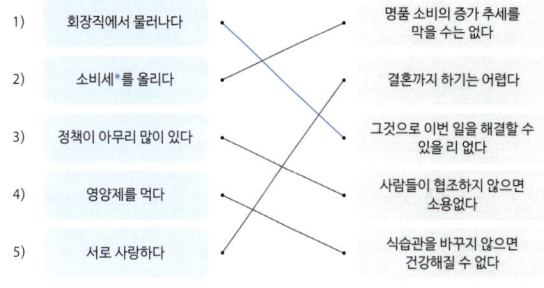

2) 거짓말을 워낙 잘해서 믿으려야 믿을 수가 없다
3) 사고방식이 너무 달라서 서로를 이해하려야 이해할 수가 없다
4) 취업난이 심해서 일을 구하려야 구할 수가 없다
5) 정전이 되어서 날씨가 더운데도 에어컨을 켜려야 켤 수가 없다

2. 2) 합격하려야 합격할 수 없을 것 같아요
   3) 거절하려야 거절할 수 없었어요
   4) 사려야 살 수 없을 거야
   5) 자려야 잘 수 없어요

문법과 표현 ❷ 동형-은들, 명인들   p. 98

1. 1) 회장직에서 물러나다 — 그것으로 이번 일을 해결할 수 있을 리 없다
   2) 소비세를 올리다 — 명품 소비의 증가 추세를 막을 수는 없다
   3) 정책이 아무리 많이 있다 — 사람들이 협조하지 않으면 소용없다
   4) 영양제를 먹다 — 식습관을 바꾸지 않으면 건강해질 수 없다
   5) 서로 사랑하다 — 결혼까지 하기는 어렵다

2) 소비세를 올린들 명품 소비의 증가 추세를 막을 수는 없을 것이다
3) 정책이 아무리 많이 있은들 사람들이 협조하지 않으면 소용없다
4) 영양제를 먹은들 식습관을 바꾸지 않으면 건강해질 수 없다
5) 서로 사랑한들 결혼까지 하기는 어려울 것이다

2. 2) 도서관에 새로운 책이 많이 들어온들 무슨 소용이 있겠어요
   3) 날씨가 아무리 화창하고 좋은들 무슨 소용이 있겠어요
   4) 후회한들 무슨 소용이 있겠어요
   5) 아무리 돈을 모은들 무슨 소용이 있겠어요

13-2. 역사 속 인물

어휘 p. 100

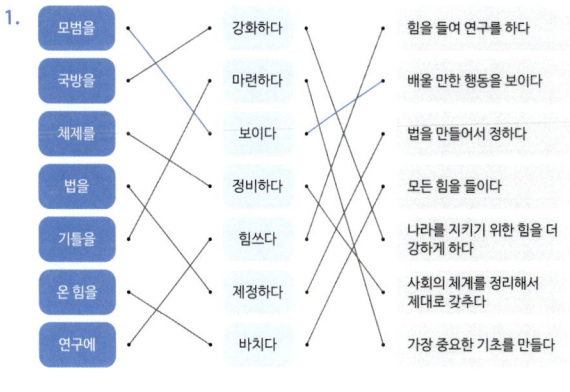

2) 국방을 강화하기   3) 체제를 정비하는
4) 법을 제정하여   5) 기틀을 마련했다
6) 온 힘을 바쳐   7) 연구에 힘쓴

2. 2) 천재적인 3) 강직하여
   4) 다스려서 5) 선발하기

3. 2) 모범이 되는 3) 충성심이 강한
   4) 지도력이 뛰어난 5) 여러 분야에 능통한
   6) 지혜롭게

문법과 표현 ❸ 동형-기에, 명이기에 p. 102

1.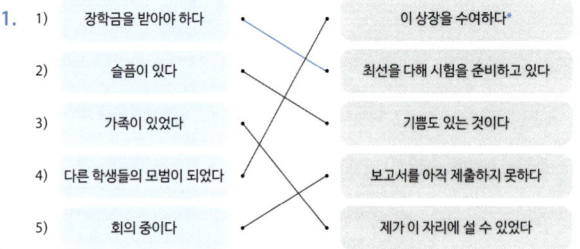

2) 슬픔이 있기에 기쁨도 있는 것입니다
3) 가족이 있었기에 제가 이 자리에 설 수 있었습니다
4) 다른 학생들의 모범이 되었기에 이 상장을 수여합니다
5) 회의 중이시기에 보고서를 아직 제출하지 못했습니다

2. 2) 저소득층 아이들을 위한 공부방 선생님을 모집한다기에 지원서를 내려고 한다
   3) 오늘 오후에는 소나기가 내릴 거라기에 우산을 가지고 나왔다
   4) 행복한 삶을 살려면 행복도를 높이는 활동을 해 보라기에 주말마다 맛집을 탐방하고 있다
   5) 보고서 작성이 처음이라기에 옆에서 자세히 알려줬다

문법과 표현 ❹ 동형-어서야 p. 104

1. 2) 저녁이 되어서야
   3) 날이 밝아서야
   4) 10년이 지나서야
   5) 한 달이 다 되어서야

2. 2) 출발해서야 되겠어요
   3) 그 정도만 해서야 되겠어
   4) 일만 하며 살아서야 되겠어요
   5) 많이 생산해서야 되겠어요
   6) 비가 많이 와서야 이사할 수 있겠어요

14. 전통문화

14-1. 전통과 장인

어휘 p. 108

1.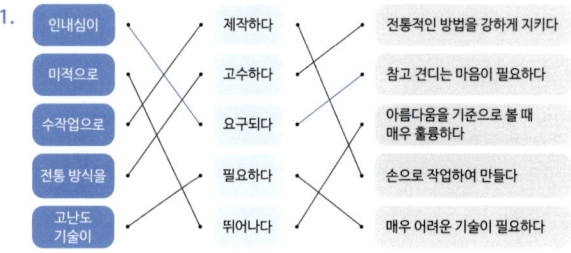

2) 미적으로 뛰어난
3) 수작업으로 제작합니다
4) 전통 방식을 고수하여
5) 고난도 기술이 필요한

2. 2) 장식한다, 장식한
   3) 실용적이다, 실용적인
   4) 상징한다, 상징하는

3. 2) 수수하다는 3) 정교하네요
   4) 고풍스러운 5) 고급스러워
   6) 세련돼 7) 간결하게
   8) 우아한

문법과 표현 ❶ 동형-길래, 명이길래 p. 110

1.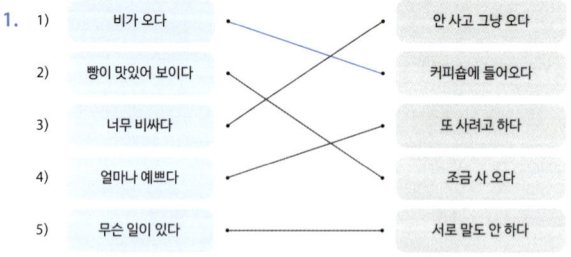

2) 빵이 맛있어 보이길래 조금 사 왔어
3) 너무 비싸길래 안 사고 그냥 왔어요
4) 얼마나 예쁘길래 또 사려고 해
5) 무슨 일이 있었길래 서로 말도 안 해

2. 2) 작품성이 뛰어나다길래 보러 가려고요
   3) 마음에 든다길래 선물로 주려고 샀어요
   4) 태풍이 온다길래 일찍 집에 들어가기로 했어요
   5) 도와 달라길래 저녁에 후배 집으로 가겠다고 했어요

문법과 표현 ❷ 동-기조차, 명조차   p. 112

1. 2) 기대조차 하지 못했는데
   3) 교사들조차 풀기 어려운 문제였어요
   4) 움직이기조차 싫어
   5) 서 있기조차 힘들어
   6) 씹기조차 어려워져요

2. 2) 눈을 뜰 수조차 없다   3) 숨을 쉴 수조차 없었다
   4) 걸을 수조차 없다   5) 상상할 수조차 없었다

14-2. 전통과 현대의 만남

어휘   p. 114

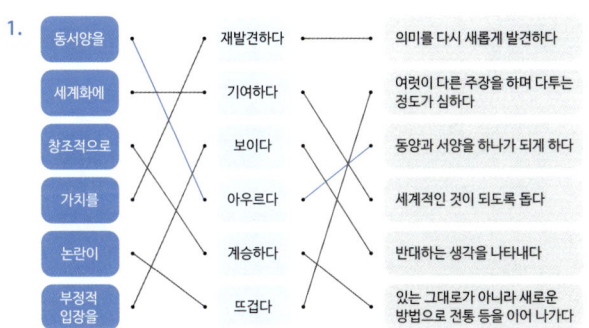

1. 2) 세계화에 기여하는   3) 창조적으로 계승해야
   4) 가치를 재발견하기   5) 논란이 뜨겁다
   6) 부정적 입장을 보이고

2. 2) 엇갈려, 엇갈리는
   3) 융합한, 융합하여

3. 2) 획일화된   3) 고유한
   4) 재탄생했어요   5) 정체성을 잃은
   6) 대중화되면서

문법과 표현 ❸ 동-는 가운데, 형-은 가운데   p. 116

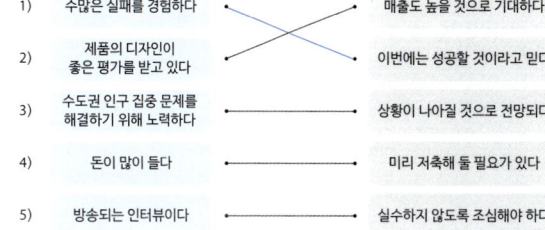

2) 관객들의 시선이 집중된 가운데 음악회의 첫 번째 연주가 시작되었다
3) 화재가 발생한 가운데 소방대원들이 화재 진압을 하고 있다
4) 벚꽃이 활짝 핀 가운데 시민들이 사진 촬영을 하고 있다
5) 남부 지역의 피해가 심각한 가운데 다른 지역 사람들의 도움의 손길이 이어지고 있다

2. 2) 모두 모이신 가운데
   3) 큰 비난을 받고 있는 가운데
   4) 바쁘신 가운데
   5) 폭우가 계속되는 가운데

문법과 표현 ❹ 동-는 만큼, 형-은 만큼, 명인 만큼   p. 118

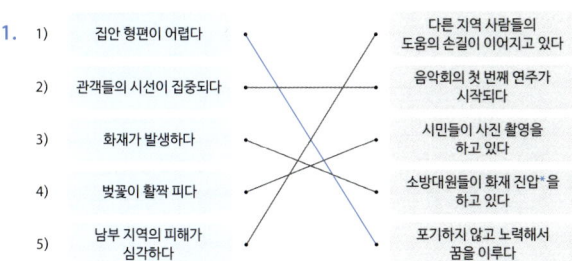

2) 제품의 디자인이 좋은 평가를 받고 있는 만큼 매출도 높을 것으로 기대한다
3) 수도권 인구 집중 문제를 해결하기 위해 노력하는 만큼 상황이 나아질 것으로 전망된다
4) 돈이 많이 드는 만큼 미리 저축해 둘 필요가 있다
5) 방송되는 인터뷰인 만큼 실수하지 않도록 조심해야 한다

2. 2) 국민들의 기대가 큰 만큼
   3) 맛있게 만드는 데 자신 있는 만큼
   4) 역사적인 도시인 만큼
   5) 규모가 큰 만큼, (규모가 크다)

복습 7

어휘   p. 121

1. ④   2. ②   3. ①   4. ③   5. ①
6. ④   7. ①   8. ②   9. ④   10. ③
11. ③   12. ①   13. ②   14. ④   15. ④

문법과 표현   p. 124

1. ①   2. ④   3. ②   4. ①
5. 먹으려야 먹을 수 없어요
6. 지나서야
7. 인상되는 만큼

듣기 p. 126
1. ③ 2. ④ 3. ④ 4. ③ 5. ④

읽기 p. 127
1. ④ 2. ① 3. ④ 4. ① 5. ③

15. 대중문화의 힘

15-1. 문화의 영향력

어휘 p. 134

1.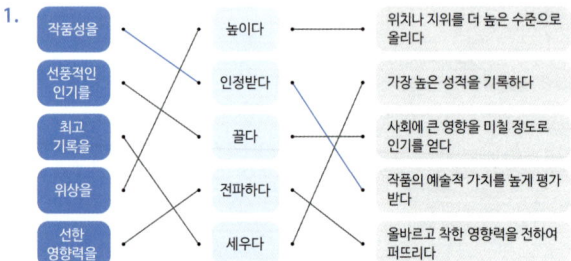

2) 선풍적인 인기를 끌고 있다
3) 최고 기록을 세웠다
4) 위상을 높이는
5) 선한 영향력을 전파했다

2. 2) 기부하신
3) 입양했어요
4) 캠페인에 참여하는
5) 봉사 활동을 할
6) 선행에 앞장서

3. 2) 메시지를 전하는
3) 찬사를 받았다
4) 사회 공헌 활동을 하는

문법과 표현 ❶ 동-는답니다, 형-답니다, 명이랍니다 p. 136

1. 2) 세상에 하나뿐인 케이크랍니다
3) 살았답니다
4) 제 집을 마련했답니다
5) 세계불꽃축제랍니다

2. 2) 운영하고 있답니다
3) 시민 공원이랍니다
4) 산책하기에도 좋답니다
5) 일품이랍니다

문법과 표현 ❷ 형-으나마, 명이나마 p. 138

1. 2) 짧은 시간이나마
3) 일부나마
4) 조금씩이나마
5) 부족하나마

2. 2) 짧게나마
3) 멀리에서나마
4) 모바일로나마
5) 이렇게나마

15-2. 콘텐츠의 힘

어휘 p. 140

1.

2) 소설을 원작으로 한
3) 명곡을 리메이크한
4) 볼거리를 제공할
5) 공감을 불러일으키고
6) 추억을 떠올리게 한다

2. 2) 참신한, 참신하다는
3) 사로잡았다, 사로잡기
4) 재현해, 재현한다

3. 2) 위안을 줬어요
3) 명대사였습니다
4) 연기력
5) 연출력
6) 완성도가 높은

문법과 표현 ❸ 명을 바탕으로 p. 142

1.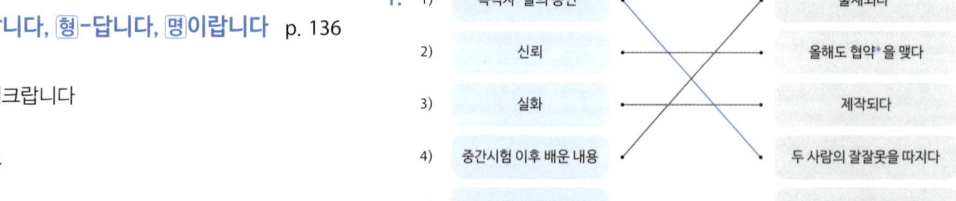

2) 신뢰를 바탕으로 올해도 협약을 맺었다
3) 실화를 바탕으로 제작되었다
4) 중간시험 이후 배운 내용을 바탕으로 출제된다
5) 입시 결과를 바탕으로 올해 입학 경쟁률을 예측할 수 있다

2. 2) 인적 자원을 바탕으로
3) 전통 기법을 바탕으로
4) 상상력을 바탕으로
5) 경험을 바탕으로

| 부록 Appendix |

문법과 표현 ❹ 동형-어서인지, 명이어서인지   p. 144

1. 1)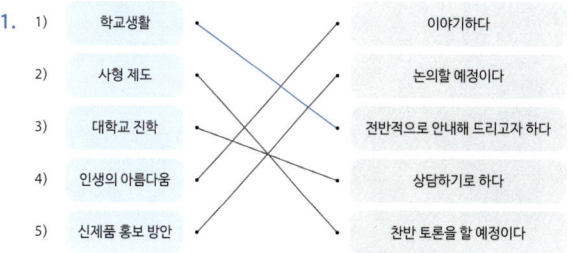

2) 취향이 달라서인지 쇼핑할 때마다 항상 의견이 엇갈린다
3) 국제 유가가 올라서인지 대중교통이나 자전거를 이용해서 출퇴근하는 사람이 늘었다
4) 날이 화창해서인지 기분이 한결 나아졌다
5) 좀 무리를 해서인지 코피가 났다

2. 2) 성격이 좋아서 그런지
3) 과식을 해서 그런지
4) 사려는 사람이 많아서 그런지
5) 나이가 드셔서 그런지

16. 과학과 삶

16-1. 과학의 힘

어휘   p. 148

1. 2) 생체 인식   3) 생체 모방
   4) 과학 수사

2.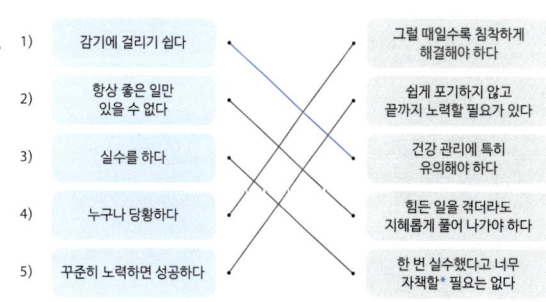

2) 사건 현장을 조사한   3) 증거를 수집한
4) 목격자를 찾기   5) 진술을 들었다
6) 몽타주를 그려서   7) 진위 여부를 밝히기
8) 범인을 체포할

3. 2) 밝혀내기, 밝혀낸   3) 묘사하기, 묘사했다는
   4) 분석한, 분석하여

문법과 표현 ❶ 명에 관하여   p. 150

1. 1) 학교생활 — 이야기하다
   2) 사형 제도 — 찬반 토론을 할 예정이다
   3) 대학교 진학 — 상담하기로 하다
   4) 인생의 아름다움 — 논의할 예정이다
   5) 신제품 홍보 방안 — 전반적으로 안내해 드리고자 하다

2) 사형 제도에 관하여 찬반 토론을 할 예정입니다
3) 대학교 진학에 관하여 상담하기로 했습니다
4) 인생의 아름다움에 관하여 이야기하는
5) 신제품 홍보 방안에 관하여 논의할 예정이니

2. 2) 홍보 성공 사례에 관한 자료야
3) 설정 방법에 관한 자세한 설명은
4) 미세 먼지 관리에 관한 특별법이
5) 공유 경제에 관한 기사

문법과 표현 ❷ 동-는 법이다, 형-은 법이다   p. 152

1. 1) 감기에 걸리기 쉽다 — 건강 관리에 특히 유의해야 하다
   2) 항상 좋은 일만 있을 수 없다 — 힘든 일을 겪더라도 지혜롭게 풀어 나가야 하다
   3) 실수를 하다 — 한 번 실수했다고 너무 자책할 필요는 없다
   4) 누구나 당황하다 — 그럴 때일수록 침착하게 해결해야 하다
   5) 꾸준히 노력하면 성공하다 — 쉽게 포기하지 않고 끝까지 노력할 필요가 있다

2) 항상 좋은 일만 있을 수 없는 법이니 힘든 일을 겪더라도 지혜롭게 풀어 나가야 한다
3) 실수를 하는 법이니 한 번 실수했다고 너무 자책할 필요는 없다
4) 누구나 당황하는 법이니 그럴 때일수록 침착하게 해결해야 한다
5) 꾸준히 노력하면 성공하는 법이니 쉽게 포기하지 않고 끝까지 노력할 필요가 있다

2. 2) 사람의 욕심은 끝이 없는 법이니까요
3) 나이가 들면 누구나 늙는 법이잖아
4) 아무리 맛있는 음식도 매일 먹으면 싫증이 나는 법이야
5) 무슨 일이든지 처음에는 어려운 법이지요

모범 답안

16-2. 발견과 발명

어휘   p. 154

1.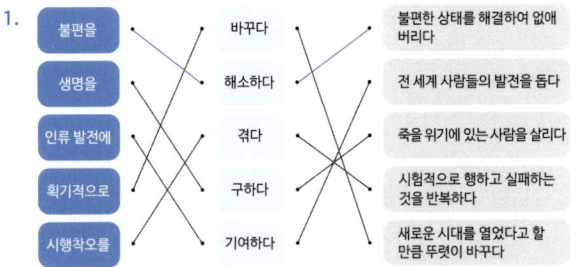

   2) 생명을 구한
   3) 인류 발전에 기여한
   4) 획기적으로 바꿀
   5) 시행착오를 겪은

2. 2) 인식해야, 인식하여
   3) 진화한다는, 진화하여
   4) 차별화된, 차별화된다

3. 2) 작동되어   3) 조종할
   4) 조절할   5) 정화하는
   6) 살균하는   7) 건조해

문법과 표현 ③ 동형-겠거니 하다, 명이겠거니 하다   p. 156

1.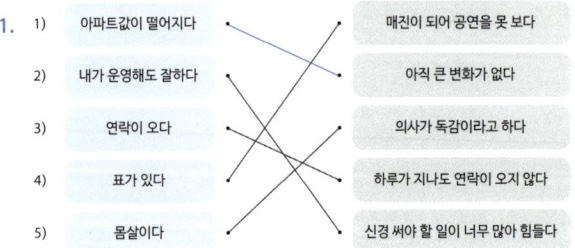

   2) 내가 운영해도 잘하겠거니 했는데 신경 써야 할 일이 너무 많아 힘들다
   3) 연락이 오겠거니 했는데 하루가 지나도 연락이 오지 않는다
   4) 표가 있겠거니 했는데 매진이 되어 공연을 못 봤다
   5) 몸살이겠거니 했는데 의사가 독감이라고 했다

2. 2) 연락을 했겠거니 하고
   3) 먹었겠거니 하고
   4) 사귀는 사이겠거니 했는데
   5) 어울리겠거니 했는데 막상 입어 보니 별로여서요
   6) 좋겠거니 했는데 성능이 생각보다 안 좋아요

문법과 표현 ④ 동-기 나름이다, 명 나름이다   p. 158

1. 2) 사용하기 나름이다
   3) 노력하기 나름이다
   4) 생각하기 나름이다
   5) 관리하기 나름이다

2. 2) 받아들이기 나름일 것 같아요
   3) 교육하기 나름이에요
   4) 쓰기 나름이니까
   5) 꾸미기 나름이라고

복습 8

어휘   p. 161

1. ②	2. ①	3. ①	4. ③	5. ④
6. ①	7. ③	8. ②	9. ③	10. ④
11. ①	12. ②	13. ③	14. ①	15. ④

문법과 표현   p. 164

1. ④   2. ③   3. ②   4. ③
5. 식사 예절에 관해
6. 작아서인지
7. 알아듣는답니다

듣기   p. 166

1. ②   2. ④   3. ④   4. ④   5. ③

읽기   p. 167

1. ①   2. ②   3. ②   4. ①   5. ②

| 부록 Appendix |

어휘	고려대한국어대사전
	국립국어원 표준국어대사전(https://stdict.korean.go.kr/main/main.do)
	우리말샘(https://opendict.korean.go.kr/main)
	한국어기초사전(https://krdict.korean.go.kr/kor/mainAction)

| **복습 6** | 88쪽 | 한국언론진흥재단, "2019 언론수용자 조사", 2019. |
| **복습 8** | 167쪽 | 특허청, "과거로 돌아가 선조들의 발명품에 투자한다면?"(https://www.korea.kr/briefing/pressReleaseView.do?newsId=156396843) |

집필진 Authors

장소원
Chang Sowon
- 서울대학교 국어국문학과 교수
  Seoul National University Professor at the Department of Korean Language & Literature
- 파리 5대학교 언어학 박사
  Ph.D. in Linguistics, University of Paris 5

이현의
Lee Hyun Eui
- 서울대학교 언어교육원 대우전임강사
  Seoul National University LEI Full-time Instructor
- 이화여자대학교 한국학(한국어교육 전공) 박사 수료
  Ph.D. Candidate in Korean Studies(Teaching Korean as a Foreign Language), Ewha Womans University

김미숙
Kim Mi Sook
- 서울대학교 언어교육원 대우전임강사
  Seoul National University LEI Full-time Instructor
- 고려대학교 국어국문학 석사
  M.A. in Korean Language & Literature, Korea University

이혜지
Lee Hyeji
- 서울대학교 언어교육원 대우전임강사
  Seoul National University LEI Full-time Instructor
- 이화여자대학교 교육대학원 외국어로서의 한국어교육학 석사
  M.A. in Education, Teaching Korean as a Foreign Language, Ewha Womans University

번역 Translator

이수잔소명
Lee Susan Somyung
- 통번역가
  Translator & Interpreter
- 서울대학교 한국어교육학 석사
  M.A. in Korean Language Education as a Foreign Language, Seoul National University

감수 Supervisor

김은애
Kim Eun Ae
- 전 서울대학교 언어교육원 대우교수
  Former Seoul National University LEI Professor

도와주신 분들 Contributing Staff

디자인 Design	(주)이츠북스 ITSBOOKS
삽화 Illustration	(주)예성크리에이티브 YESUNG Creative
녹음 Recording	미디어리더 Media Leader

서울대 한국어+
Workbook 5B

초판 1쇄 발행 2023년 10월 10일
초판 3쇄 발행 2024년 10월 25일

지은이	서울대학교 언어교육원
펴낸곳	서울대학교출판문화원
주소	08826 서울 관악구 관악로 1
도서주문	02-889-4424, 02-880-7995
홈페이지	www.snupress.com
페이스북	@snupress1947
인스타그램	@snupress
이메일	snubook@snu.ac.kr
출판등록	제15-3호

ISBN 978-89-521-3215-4 04710
      978-89-521-3116-4 (세트)

ⓒ 서울대학교 언어교육원 · 2023

이 책과 음원은 저작권법에 의해서 보호를 받는 저작물이므로
무단 전재와 복제를 금합니다.

Written by Language Education Institute, Seoul National University
Published by Seoul National University Press

Copyright ⓒ 2023 by Language Education Institute, Seoul National University

All rights reserved. No part of this publication may be reproduced in any form
without the written permission from publisher.